对外汉

Application:
Intermediate Chinese
——Listening and Speaking

实践汉语
——中级听说

主　编　朱志平　刘兰民
编　者　舒雅丽　汝淑媛

北京师范大学出版集团
BEIJING NORMAL UNIVERSITY PUBLISHING GROUP
北京师范大学出版社

```
图书在版编目(CIP)数据

实践汉语-中级听说／朱志平，刘兰民主编.—北京：北
京师范大学出版社，2009.3 （2009.12 重印）
（对外汉语短期培训系列教材）
ISBN 978-7-303-09506-3

Ⅰ．实… Ⅱ．①朱… ②刘… Ⅲ．汉语-听说教学-
对外汉语教学-教材 Ⅳ．H195.4

中国版本图书馆 CIP 数据核字(2008)第 113053 号
```

营销中心电话　010-58802181 58808006
北师大出版社高等教育分社网　http://gaojiao.bnup.com.cn
电　子　信　箱　beishida168@126.com

出版发行：北京师范大学出版社 www.bnup.com.cn
　　　　　北京新街口外大街 19 号
　　　　　邮政编码：100875
印　　刷：北京新丰印刷厂
经　　销：全国新华书店
开　　本：184 mm × 260 mm
印　　张：19.5
字　　数：208 千字
版　　次：2009 年 3 月第 1 版
印　　次：2009 年 12 月第 2 次印刷
定　　价：74.00 元（含光盘）

策划编辑：杨　帆　　　责任编辑：杨　帆
美术编辑：高　霞　　　装帧设计：天之赋
责任校对：李　菌　　　责任印制：李　丽

版权所有　侵权必究

反盗版、侵权举报电话：010-58800697
北京读者服务部电话：010-58808104
外埠邮购电话：010-58808083
本书如有印装质量问题，请与印制管理部联系调换。
印制管理部电话：010-58800825

对外汉语短期培训系列教材编写说明

《走近汉语》《实践汉语》《感悟汉语》是为短期来华的汉语学习者编写的一套汉语第二语言教材。它们分别覆盖了从零开始的初、中、高三个级别，每级包括听说和读写各一册。全套教材共六册，涵盖常用汉语词汇 2716 个，语言点 506 个。

1. 这套教材的编写基础

在编写这套教材之前，编者对近十年所出版的 548 种汉语第二语言教材进行了粗略的统计调查，并对其中的 23 种约 80 册教材进行了深入细致的考察分析。在此基础上确定了本教材的编写方案。同时，编者还对近 300 名不同水平阶段的在华留学生进行了课文话题选择和排序的问卷调查（收回有效问卷 239 份），以确定本教材的内容、所采用的话题及其顺序。该教材的语言点和词汇选择范围主要控制在《高等学校外国留学生汉语教学大纲》（长期进修）之内，但依据北京师范大学汉语文化学院的科研项目"话题与句型基础研究"（朱志平等承担，成果已出版，题为《基础汉语句型交际手册》）的成果进行了重新整合。另外，该教材的初稿在北京师范大学 130 余名暑期来华的美国学生中进行了试用，并根据试用反馈进行了修改。

2. 这套教材的编写目的和适用对象

近年来，世界各国不少大学生利用寒暑假通过校际交流活动到中国来学习汉语，并可以获得本大学汉语课程的学分，这套教材把这类学生作为主要读者群。因此，这套教材所设计的初、中、高三个级别分别相当于各国大学公共汉语课程 1~3 年级水平。每个级别的听说本和读写本一共可以满足 160~180 小时的课程需要。这个设计也使得该教材在课时和内容上跟大学汉语课程衔接，可以同时适用于海外各国的大学公共汉语课程。此外，由于这套教材的主要目的是短期教学，较为注重汉语日常交际能力的培养，课文采用了话题与功能结合的方式，各类话题及功能相对独立，有利于教师根据需要将课本切分成几个部分，从中选择教学内容。所以它也适用于海外孔子学院所开设的针对当地社会人员的汉语课程。

3. 这套教材的教学目标

这套教材的教学目标是：在重视口语交际能力基础上培养汉语综合能力。因此，其教材结构在系列化的基础上采用了读写与听说相配套的方式，并根据不同水平阶段各有侧重。改变了以往听、说、读、写分立或听说读写合而为一的传统结构模式。在初级阶段注重"听说领先"，便于学习者从口语句型入门，在具有一定听说能力的基础上再去认字、阅读，进而学习写字和写作；进入中级阶段以后，则强调"读写领先"，让学习者在阅读了一些与某话题相关的语料以后再进入讨论，使之在了解较多相关词汇和背景知识的基础上练习听说，有利于学习者扩大知识面，迅速提高汉语表达能力。

4. 这套教材的框架设计和版面设计

这套教材的教学理念是让学习者通过实践获得目的语语言能力。因此，它的框架设计采用了目标导入、任务导出的方式。每个单元、每一课都设有"导入"，把学习者带进即将学习的内容。

在版面设计方面，这套教材吸收了当前一些教材的优点：目录采用了"列表式目录"，将每课的主要内容列入目录表格，使教师和学习者都一目了然；注释由传统的"文后注"改为"文边注"，方便教师和学习者在课堂上共同关注这些语言点；"目标导入"和"任务导出"都配有插图，在增加趣味性的同时，也提升引导作用。另外，由于该教材还未及编写教师参考书，每册教材分别设计了"教学建议"，以帮助教师备课。

这套教材的内容设计依级别不同而有所不同，这也是初、中、高三个级别采用了三个名称的主要原因。下面的"教学建议"将分别介绍每册书的特点。总而言之，该教材的特色是，读写与听说相配套，突出两种不同教学模式的特点，适应短期教学的需要。课文规范，内容丰富、生动、有趣，具有较强的话题性；语言点解释简洁明了，与课文配合较为自然，适应在自然条件下提高语言交际能力的培养目标；练习设计在紧扣重点词语和语言点的同时，突出任务型教学的特点。

该教材的设计理念可以借用"短平快"这句体育用语来概括："短"主要体现在课文短小精悍，语法点解释简明扼要，适用于短期汉语教学；"平"主要体现在其通用性上，本教材在话题选择和内容安排上淡化时效性和地域性，适用于不同地区、不同母语者的汉语教学；"快"体现为通过学习本教材，学习者能够迅速提高汉语水平，很快适应汉语环境下的日常生活和日常交际。

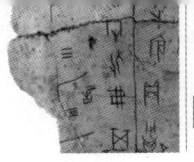

Introduction for This Series

Introduction for This Series

This is a set of textbooks designed for international students attending short-term Chinese language programs in China. There are six books in total, covering three levels—Novice, Intermediate and Advanced. At each level, there is a book for reading and writing as well as a book for listening and speaking. The whole set of books contain 2716 Chinese characters and 506 language points.

1. How the book is compiled

We started with a brief investigation of 548 sets of textbooks of this kind during the past decade, and then made our writing plan based on a thorough analysis of the 23 sets of 80 textbooks. In addition, we conducted a questionnaire survey among nearly 300 international students (239 valid replies) investigating their favorite topics, according to which the main contents of our books were confirmed. As regards the selection of language points and vocabulary, we consulted *The Curriculum of Teaching Chinese to International Students in Universities* and *The Handbook of Basic Chinese Communication Sentences* (the latter is the result of a research of Beijing Normal University conducted by ZHU Zhiping, etc. and has been recently published). Moreover, this set of books was further revised after a trial among more than 130 American students taking a summer program at Beijing Normal University.

2. Objectives and target readers

In recent years, a large number of university students come to China for attending credited short-term Chinese courses during summer or winter vacations. We target them as our main readers, and accordingly make the three levels of our books correspond with the relevant levels of the public Chinese courses in overseas universities. The two books at each level may cover 160~180 school hours. As this set of books mainly aims for short-term programs, we put much emphasis on the development of learners' daily communication skills. Each book contains relatively independent topics and associated communicative functions. Teachers, therefore, may flexibly choose what suits their students best when organizing teaching. This set of books can also be used at Confucius Institutes for Chinese language learners from the general public.

3. Teaching aims

This set of books aims to develop learners' comprehensive abilities of using Chinese, with the emphasis on oral communicative competence. At the 'Novice' level, "listening-speaking" skills come before "reading-writing" skills, so that learners may start with key sentence structures in spoken language, and then move on to Chinese characters, reading and writing. At the 'Intermediate' and 'Advanced' levels, on the contrary, "reading-writing" skills come first, so that learners may start with reading language materials on specific topics, and then practice listening and speaking on the same topic. In this way, learners' follow-up discussion based on necessary vocabulary and background knowledge will broaden their mind and improve their speaking skills.

4. Book content and layout design

This set of books aims to improve learners' language proficiency through practice. Therefore, every lesson involves warm-up activities at the beginning and communicative tasks in the end. As regards the format and design of the book, there are the following features: 1) The table of contents is arranged in a table containing the key points of every chapter; 2) The language points are explained in little boxes in the margin besides the text instead of after the text; 3) The warm-up activities and end-of-text tasks are all accompanied by illustrations; 4)"Teaching Guide" is provided at the beginning of every book to help teachers prepare for their class.

In general, the design of each book varies according to the three different levels, hence the different book names. The characteristics of this set of textbooks determine that the reading-writing class and listening-speaking class distinguish from and at the same time correspond with each other. In addition, the texts are written or selected carefully, containing vivid and interesting contents on the topics of sorts. The clear and concise explanation of language points helps to achieve the teaching aim and the relevant exercises/tasks embody the task-based teaching approach as well.

All in all, this set of course books aims to be "simple", "applicable" and "effective" in design. The "simple" feature lies in the selection of brief but high-quality texts and in concise explanation of language points. The "applicable" feature lies in the book's applicability in teaching regardless of time, region or target learners. The "effective" feature indicates that learners may expect to make a quick progress in their Chinese language proficiency so as to acclimatize themselves to the daily life in a Chinese context.

《实践汉语——中级听说》教学建议

中级本《实践汉语》内容设计的特点是在话题的基础上确定课文，关注幽默有趣、可读性强的语料，但同时依据中级水平阶段的特点加以修改并编排语言点。《实践汉语——中级读写》和《实践汉语——中级听说》分别设计了8个单元32课。

《实践汉语——中级听说》由舒雅丽、汝淑媛执笔编写。作为配套教材，《实践汉语——中级听说》将《实践汉语——中级读写》所涉及的话题进一步分成若干次级小话题，引导学习者进行讨论。因此，教材中的语言点一般不超出"读写本"的范围，词汇以复现"读写本"的生词为主，少量新出现的词语和语言点会以注释的方式告知学习者，这样可以减轻生词学习的负担，使学习者专注于听力和口语练习。"听说本"采用话题导入、听力练习导出的方式，将听和说紧密结合起来。它的教学建议如下：

(1) 教学应当从"热身"部分导入到课文所谈话题。每课"热身"部分均有针对本课话题设计的讨论，并附有相关图片以便教师使用。

(2) 教师应当同时关注听和说的训练，并根据课堂情况安排两者的先后和比例。这本教材每课都有会话和听力两部分。会话部分一般由三段对话或短文组成。在教学中，教师可以根据学生情况和课文内容决定会话和听力的先后顺序，或先练习听力，或在三段会话之间穿插听力练习，或在学完会话部分以后练习听力。此外，教师可以根据学生水平以及课文难易程度选择学习部分或全部会话内容。

(3) 尽量减少语言点和生词的讲解。本教材原则上以重现"读写本"的生词和语言点为主，即使出现新的词语或语言点，也只作为注释，教师让学生理解即可，不用深入讲解，以避免挤占口语和听力训练的时间。

(4) 关注功能点的讲解和练习。与"读写本"不同，"听说本"重视功能点的教学及练习。因此，教师需要讲解每课的功能点，并给出相应的例句，带领学生做一定的练习。

(5) 本教材的会话练习包括两部分，第一部分在每一段会话之后，第二部分在整个课文之后。

第一部分是针对每一段对话而设计的，遵循由理解到运用，由机械练习到创造性运用，由词到句子再到篇章的原则。首先是针对会话内容的问题，帮助学生理解会话内容，复习本课重要语言点；其次，过渡到跟学生自身相关的问题，让学生在自然的语境中复习重要的语言点；然后提供关键词，请学生根据课文内容做复述性的分组会话练习，教师要注意复述课文不是背诵，只是引导学生用关键词语、功能点做机械性的会话练习，为后面创造性的、在自然语境中的会话打下基础；最后是提供话题、语境以及关键词请学生讨论或做会话练习，教师要注意引导学生多用本课的语言点。

第二部分的练习，一是针对功能点设计的练习，二是带有任务的交际练习。交际任务一般可作为作业让学生准备，第二天上课时由学生向全班报告。

(6) 本教材附有词语表供学生随时查阅，内容包括中级"读写本"及"听说本"出现的所有新词语，按音序排列。

Teaching Guide for This Book

Teaching Guide for This Book

Application: Intermediate Chinese—Listening and Speaking selects 32 interesting articles on a variety of topics and divides them into 8 units. It corresponds with *Application: Intermediate Chinese—Reading and Writing* and plays a complementary role. In general, the vocabulary and grammar do not go beyond the "Reading and Writing" book, and there are notes on the new words and language points if any. In this way, learners may focus on listening and speaking practice without much burden of learning new vocabulary. In each lesson, there is a topic to lead in, and listening exercises to wind up. The specific teaching advice is as follows:

(1) The class should begin with warm-up activity and carry on with the main topic.

(2) Both listening and speaking are the focus of this course. The teacher may allocate time for both aspects and decide the sequence flexibly according to student levels. Each Lesson involves speaking and listening sections, with the first one consisting of three dialogues and a short article. The listening practice may be arranged before, during or after the speaking section.

(3) It is suggested not to spend much time on vocabulary and grammar as they are mostly covered in the "Reading and Writing" book.

(4) In each Lesson, there are important language functions that should be fully explained and practiced with examples and exercises.

(5) There are two parts of exercises in each lesson: the first part is put after each dialogue, and the second one after the whole text.

The design of the first part of exercises employs a "bottom-up" principle, that is, from words to sentences and then to paragraphs; from comprehension to application; from mechanical drills to creative tasks; from text-related questions to "real-world" topics; from "retell" exercises to natural dialogues. All in all, the ultimate aim is to develop students' communication skills with the help of what is learned in class.

The second part of exercises concerns language functions and involves communicative tasks. The teacher may leave these tasks to students as homework and allocate some time for their report in the next class.

(6) This book has a vocabulary list attached at the end, in alphabetical order. It includes all the new words appeared in this book and in the corresponding "Reading and Writing" one.

目录 CONTENTS

课 目 Units / Lessons	学习目标 Goals	交际任务 Communicative Tasks
第一单元　日常生活 / 1		
第一课　早睡早起身体好 ——生活习惯 /3	Learn to talk about living habits.	1. Introduce one's living habits 2. Comment on different living habits 3. Listen to the talk about living habits
第二课　点菜——吃中餐 /9	Learn to talk about food.	1. Ordering food 2. Comment on a course from the aspect of color, smell and taste 3. Briefly introduce the features of dishes in different places 4. Listen to the talk about ordering dishes
第三课　讲价——买东西/15	Learn to talk about shopping and bargaining.	1. Learn to bargain 2. Compare and Comment on the quality and the price of articles 3. Comment on bargaining and discount 4. Listen to the talk about shopping
第四课　一位出租汽车司机 ——出门 /22	Learn to talk about means of transportation.	1. Introduce and compare the features of different vehicles 2. Comment on different vehicles 3. Learn to ask for help after losing something 4. Listen to the talk about means of transportation

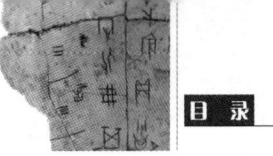

目 录

交际活动 Communicative Activities	功能点 Points for Function	主要词语 Key Words
问问你的同学的生活习惯，并请他们谈谈这些是不是好习惯，为什么有这样的习惯，然后在课堂上报告你的调查结果。	1. 不像话 2. 像什么话 3. 你说得没错 4. 有道理	认为　左右 精神　熬夜 难受　糟糕 睡懒觉 不得了
明天是一个同学的生日，大家要一起吃饭，请你们选择一个饭馆，然后决定要点什么菜，并告诉我们为什么选择这个饭馆，为什么点这些菜，怎么点菜。然后，在课堂上报告给同学和老师。	1. 对了 2. 这个建议不错 3. 哪里，哪里 4. 是啊	菜单　点 建议　只好 礼貌　地道 推荐 不好意思
问问你的同学喜欢不喜欢讲价，为什么？有什么讲价的好办法？在课堂上报告你的调查结果。	1. 怎么样 2. 行不行 3. 行，就这样吧 4. 一定……吧 5. 别生气	讲价　善于 经验　价钱 难看　脸色 商场　打折 一般来说
问问你的同学对出租车和出租车司机的印象。请他们谈谈为什么会有这种印象，然后在课堂上报告你的调查结果。	1. 好吧，就听你的 2. 还是 3. 别着急	出租　司机 聊天　印象 开心　赚 高峰

3

课　目 Units / Lessons	学习目标 Goals	交际任务 Communicative Tasks
第二单元　休闲娱乐 /31		
第五课　运动的故事 ——运动、健身 /33	Learn to talk about sports and fitness.	1. Introduce your interests specialty in sports 2. Briefly introduce and describe the process of a competition 3. Talk about health and fitness 4. Listen to the talk about sports and health
第六课　夜生活 ——娱乐活动 /39	Learn to talk about entertainment.	1. Compare different ways to entertain 2. Learn to invite people for party or other entertainment 3. Describe and comment on an amusement. 4. Listen to the talk about entertainment
第七课　外来人——让人又爱又恨的电视 /45	Learn to talk about television.	1. Briefly introduce and comment on different TV programs 2. Comment on the influence of TV on our life 3. Listen to the talk about TV
第八课　我爱做饭——你有什么爱好 /52	Learn to talk about interests and hobbies.	1. Introduce one's interests and hobbies 2. Compare and comment on different ways to lose weight 3. Listen to the talk about cooking

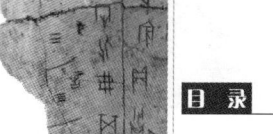

目录

交际活动 Communicative Activities	功能点 Points for Function	主要词语 Key Words
问问你的同学的运动习惯，比如他们喜欢什么时候运动，喜欢哪一种运动，并请他们谈谈为什么喜欢这些运动。然后在课堂上报告你的调查结果。	1. 当然了 2. 太棒了 3. 是吗 4. 真遗憾	锻炼　绝对 太极拳 健身房 没想到
问问你的同学的夜生活，再问几个中国人的夜生活。比较一下你们和中国人的夜生活一样吗？然后在课堂上报告你的调查结果。	1. ……，怎么样 2. ……，好不好 3. 我今天没时间，以后再说吧 4. 怎么会……呢	轻松　酒吧 歌厅　了解 离不开 差不多 电子邮件
表演：三个或者四个同学一组，表演一个与看电视有关的节目。时间不能短于5分钟。可以自己选话题，比如说一家人因为看电视吵架，或者几个朋友讨论看电视的好处和坏处，或者你和朋友在看电视时发生的事情等等。	1. 不行 2. 让(某人)……吧 3. ……等 4. 要是……，该怎么办呢	吸引　曾经 要求　诚实 脏话　尴尬 不讲理　台 流眼泪 不知不觉
问问你的同学的爱好，并且问问他们为什么有这样的爱好，然后在课堂上报告你的调查结果。	1. 要是……就好了 2. 哪儿能这么说啊 3. 不要再……了 4. 还差得远呢	业余　美味 浪费　影响 美容　不如 享受　饭菜 俗话 民以食为天

5

课 目 Units / Lessons	学习目标 Goals	交际任务 Communicative Tasks
第三单元 个人经历 /61		
第九课 难忘的经历 /63	Learn to talk about unforgettable experiences.	1. Narrate one's unforgettable experiences and explain the reason 2. Listen to the talk about unforgettable experiences
第十课 上当 /68	Learn to talk about being caught with chaff.	1. Narrate one's experience of being caught with chaff 2. Talk about what you thought and did after you were caught with chaff 3. Listen to the talk on this topic
第十一课 在国外的经历 /74	Learn to talk about experiences abroad.	1. Introduce foreign customs practices. 2. Listen to the talk about experiences abroad
第十二课 出洋相 /80	Learn to talk about making a fool of oneself.	1. Narrate one's experiences of making a fool of oneself. 2. Comment on making a fool of oneself 3. Listen to the talk on this topic

交际活动 Communicative Activities	功能点 Points for Function	主要词语 Key Words
你最难忘的事情是什么？邀请你的同学和你一起在班里表演出来。你也可以被别的同学邀请做演员，表演他们最难忘的事。	1. 吓+(补语) 2. 真让人难以相信 3. 真不好意思	难忘　经历 当时　郁闷 绝望　黑暗 仿佛　地狱 人间　傻
问问你的朋友，他们觉得什么样的人最容易上当，老人？年轻人？富人？穷人？聪明人？外国人？为什么？然后在课堂上报告你的调查结果。	1. 当时……就好了 2. 怎么回事儿 3. 想开点儿 4. 我敢说 5. 我后悔极了	上当　骗子 好奇　原来 怀疑　粗心 恍然大悟
请你采访你的同学，问问他们在国外生活得怎么样，国外的生活和国内有什么不同，他们喜不喜欢在国外生活。然后在课堂上报告你的调查结果。	1. 哎呀 2. 我的意思是说 3. 这有什么 4. 没关系	碰到　麻烦 安慰　拼命 感谢　恐怕 闯红灯 来不及
1. 请你讲讲自己出洋相的一件事情。 2. 请你从网上搜集别人出洋相的照片或者视频，然后在课堂上向同学们展示，并说明当时的情况。	1. 怎么就……了 2. 明白了 3. 真不该…… 4. 没什么	兴奋　羡慕 注意　吸引 果然 出洋相 闹笑话

课 目 Units / Lessons	学习目标 Goals	交际任务 Communicative Tasks
第四单元　人际交往 /89		
第十三课　网络与隐私 / 91	Learn to talk about the internet and the privacy.	1. Express your opinions on privacy 2. Talk about the influence of new technologies on people's privacy 3. Talk about the influence of internet on people's life 4. Listen to the talk on this topic
第十四课　礼尚往来 　　　　——送礼物 /98	Learn to talk about the exchange of gifts.	1. Talk about the basic courtesy in social contact 2. Learn how to select and give presents 3. Comment on giving presents 4. Listen to the talk about giving presents
第十五课　入乡随俗 /104	Learn to talk about the practice of "When in Rome, do as Roman do."	1. Briefly introduce and comment on a certain custom 2. Express your opinion on the adaptation to a foreign custom 3. Listen to the talk on this topic
第十六课　中西文化风俗 /110	Learn to talk about the differences between Chinese and western culture and customs.	1. Compare different customs in different places 2. Listen to the talk about differences between Chinese and western culture and customs

目录

交际活动 Communicative Activities	功能点 Points for Function	主要词语 Key Words
1. 分别采访几个中国人和美国人,问问他们哪些是隐私,然后比较一下中国人和美国人对隐私的看法有什么不同。 2. 辩论:是否应该在中小学开设网络道德课?	1. 什么呀 2. 真的吗 3. 这样一来 4. 听说了吗 5. 你没有听错吧	网络　隐私 透明　根本 调查　总之 正常
1. 问问你的朋友,他们收到的最好的礼物是什么?为什么是最好的?然后在课堂上报告你的调查结果。 2. 分别采访3个中国人和你的同学,问问他们对"礼尚往来"有什么看法,并比较他们的看法有什么异同。然后在课堂上报告你的调查结果。	1. 别担心 2. 好主意 3. 话不能这么说 4. 你看看+(抱怨的事)	互相　送礼 千万　郁闷 其实　礼尚 往来
1. 采访你的朋友,他们在外国生活遇到了哪些不习惯的事情?现在适应了吗?在课堂上报告你的调查情况。 2. 请你从网上找出5个国家或地区特别的风俗习惯,包括图片和介绍。然后在课堂上展示,并做说明。	1. 你说出了我的心里话 2. 这事一会儿再说,先说说(另一话题) 3. 别忘了	地道　尝试 专门　设计 适应　当地 顾客　成功 秘密 惹麻烦 洋快餐 入乡随俗
1. 采访你的朋友,除了课文上提到的,他还知道哪些中西文化和风俗的不同?至少搜集3条资料,在课堂上和大家分享。 2. 邀请几个中国人和你一起吃饭,观察在餐桌上体现出的中西文化的不同,然后在课堂上报告你的观察结果。	1. (某人)真想…… 2. 对不起,我实在…… 3. 你错了	亲密　然而 刚好　相反 意识　抢

课　目 Units / Lessons	学习目标 Goals	交际任务 Communicative Tasks
第五单元　爱情　婚姻 /119		
第十七课　一个关于爱情的心理测试——一见钟情还是日久生情 /121	Learn to talk about falling in love.	1. Briefly introduce a love story 2. Express your opinion to different types of love 3. Listen to the talk about love
第十八课　理想的妻子 /127	Learn to talk about the stardards of selecting a person for marriage.	1. Briefly talk about one's stardards of selecting a person for marriage 2. Comment on different stardards 3. Listen to the talk on this topic
第十九课　这个时代的爱情 /134	Learn to talk about love in modern times.	1. Express your opinion on the relationship among love, marriage and money 2. Express your opinion on online love 3. Express your opinion on "flash marriage" 4. Listen to the talk about love and money

目 录

交际活动 Communicative Activities	功能点 Points for Function	主要词语 Key Words
问问你的朋友们,希望"一见钟情"还是"日久生情"?为什么?然后在课堂上报告你的调查结果。	1. 我问你,你是不是…… 2. 是我不好 3. 那还用说 4. 看样子	爱情 感情 期待 恋人 放弃 日久生情 一见钟情 同甘共苦 刻骨铭心
1. 班里的男女同学各成一组,轮流提出对理想丈夫/妻子的要求,一位同学做记录。最后比一比:男同学的要求多还是女同学的要求多?然后把这些要求按照"最重要、很重要、一般、不重要"四级排序,看看同学眼中的理想丈夫/妻子必须要具备哪些特点,为什么。 2. 采访3个朋友,请他们谈谈他们眼中幸福的夫妻是怎么样的,可以说自己的父母、邻居等。然后在课堂上报告你的采访结果。	1. 我不这样认为 2. 拿不定主意 3. 真急死人了 4. 怎么能不……啊	结婚 理想 命运 温柔 浪漫 标准 体贴 美女 帅哥 提醒 大海捞针
1. 采访几个朋友,请他们谈谈对于"闪婚"的看法。他们是否支持闪婚?为什么?然后在课堂上报告你的调查结果。 2. 辩论:网恋是否有真正的爱情?	1. (某人)+能/会+(做某事) 2. 这是真的吗 3. 真让人羡慕	分手 赚钱 婚礼 时尚 嫁 满不在乎 谈恋爱 方便面

11

课　目 Units / Lessons	学习目标 Goals	交际任务 Communicative Tasks
第二十课　梁山伯与祝英台的故事——一定要门当户对吗 /140	Learn to talk about being matched for marriage.	1. Discuss and comment on the idea of "being matched for marriage" 2. Express your opinion on free love 3. Listen to the talk on this topic

第六单元　性格修养 /149

第二十一课　差不多先生传——差不多与太认真 /151	Learn to talk about character or personality.	1. Describe and comment on the features of careless people and over-serious people 2. Listen to the story about careless people
第二十二课　小气鬼 /157	Learn to talk about meany.	1. Describe and comment on the features of mean and generous people 2. Listen to the story of meany

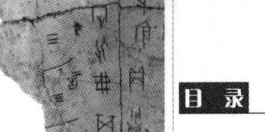

目录

交际活动 Communicative Activities	功能点 Points for Function	主要词语 Key Words
1. 问问你的中国朋友，是不是一定要找一个门当户对的结婚对象？为什么？然后在课堂上报告你的调查结果。 2. 分别问问你的中国和美国朋友，他们认为有哪些因素(比如金钱、房子、年龄)会影响到结婚？为什么？在课堂上报告你的调查结果。 3. 表演：请你们根据莎士比亚的著名悲剧《罗密欧与朱丽叶》，自己编一个爱情小短剧，可以改变原著的故事或者结局，但是要求内容完整，符合逻辑。然后在课堂上表演给大家。	1. 怎么总是……呢 2. 真希望…… 3. 你知道什么 4. 随(某人)的便	凑够　反抗 发誓　被迫 出嫁 谈得来 受不了 好(不)容易
1. 分角色表演听力材料中"马虎"的故事。 2. 采访你的朋友，问问他们是否有"差不多"先生的毛病？应该怎样改正？然后在课堂上报告你收集到的改正办法。	1. 哪有你这样的 2. 我相信 3. 不会吧 4. 天哪	摇头　马虎 要紧　何必 好在　于是 笑嘻嘻
表演：3人或4人一组，以"小气"为主题，编一个有趣的短剧，并在课堂上表演。	1. 什么 2. 你真是的 3. 你怎么这么/那么…… 4. ……什么的	慷慨　大方 讨厌 小气鬼 斤斤计较 振振有词

13

课　目 Units / Lessons	学习目标 Goals	交际任务 Communicative Tasks
第二十三课　口头禅 /163	Learn to talk about pet phrases.	1. Briefly introduce your own pet phrases 2. Describe someone's characters through his or her pet phrases 3. Listen to the talk about pet phrases
第二十四课　怎样才是男子汉 ——男人和女人 /169	Learn to talk about the features of men and women and the gender equality.	1. Talk about the features of real men and nice women. 2. Briefly comment on the standard of being a real man 3. Express your opinion on the equality of men and women 4. Listen to the talk about the equality of men and women
第七单元　家庭伦理 /179		
第二十五课　一张忘取的汇款单——感恩父母 /181	Learn to talk about love between family members.	1. Introduce the relationship between family members 2. Express your opinion on filial piety 3. Listen to the talk about mother love
第二十六课　母亲和女儿的信——代沟 /188	Learn to talk about generation gap.	1. Describe the phenomenon of generation gap in families 2. Express your opinion on generation gap 3. Listen to the talk of generation gap

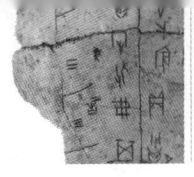

目录

交际活动 Communicative Activities	功能点 Points for Function	主要词语 Key Words
1. 采访几个大学生，问问他们在大学里有哪些常用词，什么情况下会用到，在课堂上报告你的调查结果。 2. 问问你的同学和朋友，他们的口头禅是什么？为什么喜欢那个口头禅？然后分析一下，他们的口头禅能反映出他们的性格吗？在课堂上报告你的分析结果。	1. ……是……的意思 2. 算什么+n. 3. 现在说什么也晚了	随便　总是 无聊　小看 没劲　烦 口头禅 心理学 拿……来说
1. 辩论：你觉得现代社会男女平等吗？为什么？ 2. 问问你的朋友，如果给你选择的机会，你会选择做男人还是做女人？为什么？然后在课堂上报告你的调查结果。	1. 算了吧 2. 就+(人称代词) 3. 有什么办法呢 4. 得了吧	外表　内心 坚强　勇敢 大度　挣钱 酷　有道理 说的一套，做的一套 说话不算数
1. 问问你的同学，在母亲节都给母亲送过什么样的礼物？为什么送那个礼物？在课堂上报告你的调查结果。 2. 你认为应该如何解决"空巢老人"的社会问题？通过课下查资料，准备一个三分钟的发言，说明你的办法。然后在课堂上向大家报告。	1. 最好…… 2. 这下可好了 3. 真可怜	维持　通过 汇款　不如 过节　表达 父亲节 关爱　供
1. 采访几个大学生，问问他们和父母的关系。父母干涉他们找男朋友或女朋友吗？父母帮他们选大学、选专业吗？在课堂上，结合你自己的看法，报告你的调查结果。 2. 问问你的朋友，在他们看来，怎样的父母才是好父母；再问问几位父母，什么样的孩子是好孩子。然后在课堂上报告你的调查结果。	1. 成什么样子 2. 错不了 3. 不放心 4. 求求你	代沟　矛盾 允许　唠叨 早恋　强迫 看法　交流 功课　成才 叛逆　竞争 激烈　诱惑

15

课 目 Units / Lessons	学习目标 Goals	交际任务 Communicative Tasks
第二十七课　来吃饭的是父母——谈孝顺 /194	Learn to talk about filial piety and the senior	1. Describe parents' love 2. Talk about your family values 3. Talk about the issue of "aging society" 4. Listen to the talk about filial piety
第二十八课　丁克与丁宠 /201	Learn to talk about "DINK family" and "pets-only DINK family."	1. Express your opinion on raising children 2. Express your opinion on DINK family 3. Ccomment on raising pets 4. Listen to the talk about raising children

第八单元　社会问题 /211

第二十九课　困扰中国大城市的新问题——汽车 /213	Learn to talk about traffic issues.	1. Describe and comment on the traffic situation in the city 2. Narrate your experience of being trapped in a traffic jam 3. Talk about ways to solve traffic problems 4. Listen to the talk about vehicles
第三十课　牛的母爱——保护环境,从我做起 /220	Learn to talk about environmental protection.	1. Describe some environmental problems 2. Express your opinion on environmental problems 3. Listen to the talk about environmental protection

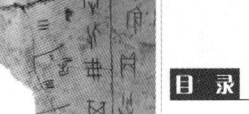

目 录

交际活动 Communicative Activities	功能点 Points for Function	主要词语 Key Words
问问你的朋友,应该怎样做才是孝敬父母？在课堂上报告你的调查结果。	1. 马马虎虎吧 2. 哪像你说的那样 3. 我不同意你的说法 4. 这样吧……	应酬　到处 孝顺　档次 养儿防老 老人院
1. 问问你的同学,结婚以后,希望生孩子吗？生几个孩子？为什么？然后在课堂上报告你的调查结果。 2. 辩论:宠物真的能代替自己的孩子吗？	1. 赶快 2. (某人)决定了 3. 担心(某事) 4. 早知……,就……了	丁克　丁宠 承担　责任 操心　待遇 精力　观念 传宗接代 自由自在 用不着
1. 请访问五位中国人，问问他们家里有没有汽车？有几辆汽车？什么时候用？如果没有汽车，用什么交通工具？为什么？把你的调查结果报告给同学们。 2. 辩论:"为了保护环境,应该发展公共交通"还是"为了经济发展,应该鼓励私人汽车"？	1. 可不是 2. 我不这样认为 3. 说不好 4. 不好说	交通　堵塞 污染　不妨 遵守　规则 闯　恨不得 寸步难行 停车场
1. 造纸厂污染了环境,可是给当地农民带来了就业机会和较高的收入,到底要不要关掉这个造纸厂呢？请同学们分角色扮演:老板、农民、政府工作人员、环保组织等来讨论这个问题。 2. 问问你的朋友有什么保护环境的好办法。把你搜集到的办法整理一下,在课堂上向大家介绍。	1. 你知道吗 2. 为(某人)难过 3. 无所谓 4. 是真的	本来　珍贵 悲哀　野生 一次性

17

课 目 Units / Lessons	学习目标 Goals	交际任务 Communicative Tasks
第三十一课 穷人的中秋节 ——谈贫困与浪费 /226	Learn to talk about the rich and poor and the issue of wasting	1. Discuss the issue of excessive packaging 2. Describe and analyze the disparity between the rich and the poor 3. Listen to the talk about festival and the price of gifts
第三十二课 广告与媒体 /232	Learn to talk about advertisement	1. Analyze the functions and influences of advertisement 2. Listen to the talk about advertisement

《实践汉语》词语总表 /241

听力文本 /270

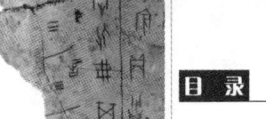

目录

交际活动 Communicative Activities	功能点 Points for Function	主要词语 Key Words
1. 问问你的朋友,如果让他把生命中最重要的东西按照重要程度排序,金钱排在第几位?在他的表格里最重要的东西是什么?在课堂上报告你的调查结果。 2. 问问你的同学,如果有很多钱,你会用来做什么?为什么?并在课堂上作报告。	1. 记着 2. 我高兴极了 3. 你不觉得太……吗	争论　为难 无奈　明明 到底　顺便 离谱　捐 凑
1. 问问你的同学有多少人喜欢广告,多少人不喜欢广告?为什么?并以这个调查作为依据,谈谈广告对生活的影响。 2. 辩论:电视节目中应该不应该插播很多广告?	1. 要不+(建议) 2. 考虑考虑 3. 真讨厌 4. 想来想去,下不了决心	广告　媒体 负面　消费 效果　公众 信任　牌子

第一单元
日常生活

第一单元学习目标

　　本单元讨论起居作息、餐饮、购物讲价、交通工具等日常生活相关的话题。

　　第一课，要求运用所学词语和功能点，学会介绍自己的作息习惯，评价不同的作息习惯，并能够听懂有关作息习惯的话题。

　　第二课，要求运用所学词语和功能点，能够了解并掌握点菜的方法和技巧，学会从色、香、味等方面评价某一道菜，简单说明各地菜肴的特点，并能听懂点菜有关的话题。

　　第三课，要求运用所学词语和功能点，学会讨价还价，比较、评价商品的质量和价格，评价讲价与打折，并能听懂购物有关的话题。

　　第四课，要求运用所学词语和功能点，能够说明、比较不同交通工具的特点，评价不同的交通工具、学会丢失物品后如何寻求帮助，并能听懂交通工具有关的话题。

第一课
早睡早起身体好
——生活习惯

热身

1. 你几点睡觉？几点起床？

2. 你喜欢睡懒觉吗？为什么？

3. 你喜欢熬夜吗？熬夜对身体好不好？

1 母亲叫睡懒觉的孩子起床

妈妈：九点了，快起床吧！

儿子：今天是周末，不上班，我再睡会儿。

妈妈：只要不上班就睡懒觉！不像话①！

儿子：我昨天晚上熬夜了，现在困得不得了，难受死了。

妈妈：又熬夜了？几点才睡？

儿子：三点左右。

①不像话
"Unreasonable." It's used to criticize others' words or actions are without reason.
表示批评别人的说法或做法没有道理。
■每天睡懒觉，不像话！

一、回答问题

1. 现在几点了？儿子起床了吗？
2. 儿子昨天晚上几点睡觉？他为什么睡懒觉？
3. 妈妈为什么说他不像话？
4. 你睡懒觉的时候妈妈会说什么？你会说什么？
5. 你会因为什么睡懒觉？
6. 你觉得睡懒觉是不是好习惯？

二、用所给的关键词语复述课文

周末　上班　睡懒觉　不像话　熬夜　困　难受　只要……就……
……得不得了　……左右

三、用所给的关键词语做练习

左右　上班　精神　熬夜　发胖　必须　睡懒觉　为了　倒时差　忍不住
难受　力气　唉　糟糕　adj.+得不得了　不像话

1. 你喜欢睡懒觉，可是父母觉得应该早睡早起，你们会说什么？请分角色做对话练习。

② 职员迟到了，老板生气地批评他

职员：糟糕，又晚了五分钟！真对不起！

老板：今天是因为什么？堵车吗？

职员：是啊……

老板：像什么话①！每次都说是因为堵车。

职员：真的，相信我！

老板：少睡点儿懒觉，就不会迟到了，而且早睡早起对身体也好。

> ①像什么话
> "Unreasonable." It's used to criticize others' words or actions are without reason.
> 表示批评别人的说法或做法没有道理。
> ■天天不写作业，像什么话！

一、回答问题

1. 职员迟到了多久？他说因为什么迟到了？
2. 老板相信他的话吗？为什么？
3. 老板给他什么建议？
4. 你也会因为睡懒觉迟到吗？迟到时你会说什么？老师会说什么？
5. 你相信早睡早起对身体好吗？为什么？

二、用所给的关键词语复述课文

糟糕　像什么话　睡懒觉　早睡早起

三、用所给的关键词语做练习

认为　对……来说　需要　左右　上班　精神　熬夜　必须　睡懒觉
为了　忍不住　难受　力气　唉　糟糕　adj.+得不得了　不像话
像什么话

1. 你和女朋友约好了要早上见面，可是你因为睡懒觉迟到了，女朋友会生气吗？请分角色练习对话。

③ 两个朋友在谈对熬夜的看法

A：昨天又熬夜了？

B：没办法，为了准备考试。（打哈欠）累死了，困得不得了。

A：你这么没精神，不但学不好，而且身体也不舒服。

B：你说得没错①，可是，你有什么好办法吗？

A：早点儿睡早点儿起，精神好了，才能学好。

B：好像很有道理②，我今天就试试。

---

① 你说得没错
You are right.
表示同意别人的看法。
■A：早睡早起身体好。
　B：你说得没错。

② 有道理
"It's resonable." It's used when agreeing with some one.
表示同意别人的看法。
■A：不要熬夜了，熬夜对身体不好。
　B：有道理，我以后会早点儿睡觉。

一、回答问题

1. B昨天为什么熬夜？现在有精神吗？
2. A认为怎样才能学好？
3. B觉得他说的办法怎么样？
4. 考试以前你也常常熬夜吗？
5. 熬夜能帮助你考得好吗？
6. 熬夜准备考试是不是好办法？
7. 什么时候你必须熬夜？
8. 熬夜是好习惯吗？

二、用所给的关键词语复述课文

熬夜　……死了　……得不得了　精神　不但……，而且……

你说得没错　有道理

三、用所给的关键词语做练习

对……来说　需要　左右　精神　熬夜　发胖　必须　睡懒觉　为了
忍不住　难受　力气　唉　糟糕　adj.+得不得了　早睡早起身体好
不像话　像什么话　你说得没错　有道理

1. 对话练习：你的同屋喜欢熬夜，所以你晚上总睡不好，和他/她谈谈吧。

听力练习

一、听后判断正误

1. 儿子喜欢早睡早起。
2. 儿子晚上有时候看电视。
3. 妈妈觉得儿子的生活习惯很好。
4. 儿子上班迟到是因为起床晚了。
5. 因为熬夜，儿子晚上精神不好。

二、听后回答问题

1. 儿子晚上常常做什么？
2. 妈妈为什么说儿子真不像话？
3. 儿子为什么上班迟到？
4. 儿子的生活习惯是什么？

三、听后复述短文

功能点练习

用所给的功能点完成对话

不像话　像什么话　有道理　你说得没错

1. 妈妈：又熬夜看电视了？真_____！

   儿子：不是。昨天有很多作业，三点左右才写完。

妈妈：老师给你们的作业太多了！

儿子：_____，我们都快累死了。

2. 女朋友：几点了还不起床？_____！

男朋友：每天早睡早起，周末还不能睡懒觉吗？

女朋友：_____，你再睡会儿吧。

交际活动

问问你的同学的生活习惯，并请他们谈谈这些是不是好习惯，为什么有这样的习惯，然后在课堂上报告你的调查结果。

第一单元 日常生活
第二课 点菜

第二课
点 菜
——吃中餐

热 身

1. 你喜欢吃中国菜吗?
2. 你知道哪些地方的中国菜?它们有什么特点?
3. 你会点菜吗?如果看不懂菜单,你怎么点菜?

9

① 两个朋友点菜

A：想吃点儿什么菜？

B：你点吧，这里的菜我也没吃过。

A：别客气，点你想吃的菜。

B：对了①，我们请服务员帮我们推荐②几道特色菜吧。

A：这个建议不错③。服务员，你们有什么特色菜？

服务员：烤鸭、宫保鸡丁是我们的特色菜。

B：我们都尝尝吧。

---

①对了
It means thinking of something else while talking.
表示在说话时，想起另外一件事情。
■A：你来北京几个星期了？
　B：两个星期了。对了，下课以后你有时间吗？

②推荐 tuījiàn
to recommend

③这个建议不错
"Good idea." It means agreeing with someone on some suggestion.
表示赞同别人的建议。
■A：学校附近的饭馆不错，我们去尝尝吧。
　B：这个建议不错。

一、回答问题

1. B对这家饭馆熟悉吗？他建议怎么点菜？
2. A觉得B的建议怎么样？
3. 服务员给他们推荐了什么菜？为什么推荐这两道菜？
4. 你吃过这两道菜吗？味道怎么样？
5. 你还喜欢吃哪些中国菜？你知道这些菜的名字吗？
6. 如果你去中国饭馆吃饭，你会点菜吗？
7. 如果你看不懂菜单，你用什么办法点菜？

二、用所给的关键词语复述课文

对了　推荐　特色　这个建议不错

第一单元　日常生活
第二课　点　菜

三、用所给的关键词语做练习

服务员　菜单　客气　建议　吃惊　只好　最后　礼貌　不好意思　对了　各……各……　这个建议不错

1. 你和你的朋友要去中国饭馆吃饭，你们要点菜，请分角色做对话练习。
2. 介绍一下中餐与西餐的点菜方法有什么不同。

② 几个朋友一边吃饭一边谈论今天的菜

A：这道菜多漂亮啊，红的黄的是辣椒①，绿的是芹菜②，还有百合③。
B：看着就想吃！
C：闻着就流口水④！
D：那就快尝尝吧！
A：真不错，很好吃，最重要的是很有营养⑤。
B：色香味俱全⑥。你真会点菜！
D：哪里，哪里⑦，说得我都不好意思了。

①辣椒 làjiāo
pepper

②芹菜 qíncài
celery

③百合 bǎihé
lily

④流口水 liú kǒushuǐ
slobber

⑤营养 yíngyǎng
nutrition

⑥色香味俱全
sè xiāng wèi jù quán
Looks good, smells good, and tastes good.

⑦哪里，哪里
A word to show modest.
表示谦虚。
■A：你说中文说得真好！
　B：哪里，哪里。

一、回答问题

1. 他们点的菜怎么样？
2. 这道菜里有什么东西？
3. 这道菜好看吗？好吃吗？营养怎么样？
4. 他们想不想吃？你想不想吃这道菜？为什么？
5. B觉得D会点菜吗？D说什么？
6. 你觉得菜的味道重要还是营养重要？为什么？
7. 一道菜好看不好看重要吗？为什么？
8. 你最喜欢的菜是什么？你为什么喜欢这道菜？

二、用所给的关键词语复述课文

漂亮　流口水　好吃　营养　色香味俱全　哪里，哪里

三、用所给的关键词语做练习

地道　营养　味道　腻　好看　好吃　流口水　色香味俱全　真　哪里，哪里　对了　这个建议不错

1. 对话练习：你的朋友不喜欢中国菜，请你给他介绍一道菜，让他也想尝一尝。

③ 两个同学在谈各地饭菜的特点

A：昨天吃的上海菜真不错！

B：是啊①，大家都说那是地道②的上海菜。

A：你吃过四川菜吗？

B：吃过，四川菜跟上海菜不一样，可是都很好吃，各有各的特点。

A：你说得没错，四川菜比较辣③，上海菜比较甜。

B：我最喜欢吃辣的菜，跟韩国菜有点儿像。

A：学校附近有一家有名的川菜馆，我建议你去尝尝。

B：好啊，咱们一下课就去吧。

①是啊
Yes.
表示同意。
■A：中文真难学。
　B：是啊，我觉得汉字最难。

②地道 dìdao
typical, genuine

③辣 là
hot and spicy

一、回答问题

1. A昨天吃什么菜了？怎么样？

2. 四川菜和上海菜一样吗？上海菜有什么特点？它和四川菜有什么不一样？

3. 你觉得B会喜欢吃四川菜吗？为什么？B可能是哪国人？

4. 他们下课以后做什么？

5. 你喜欢吃上海菜还是四川菜？为什么？

6. 你还知道中国哪些地方的菜？它们有什么特点？

二、用所给的关键词语复述课文

地道　是啊　各有各的特点　你说得没错　A跟B有点儿像　建议　一……就……

三、用所给的关键词语做练习

地道　营养　价钱　味道　色香味俱全　流口水　辣　甜　油腻（heavy）服务　建议　为了　各有各的　一……就……　真　哪里，哪里　对了　这个建议不错　是啊

1. 对话练习：中午去哪里吃饭呢？四川饭馆还是上海饭馆？或者吃北京烤鸭？跟你的朋友们讨论讨论。

听力练习

一、听后判断正误

1. 这家餐馆的菜不多。
2. 女的经常来这里吃饭。
3. 女的觉得好看的菜一定好吃。
4. 男的觉得先看看别人吃什么再点菜不太礼貌。
5. 他们决定让服务员给他们推荐好吃的菜。

二、听后回答问题

1. 他们能看懂菜单吗？为什么？
2. 菜单上有字，还有什么？
3. 他们为什么不看照片点好看的菜？
4. 最后他们决定请谁帮忙点菜？

三、听后复述短文

功能点练习

用所给的功能点完成对话

对了　这个建议不错　哪里，哪里

1. A：今天的课真有意思！你喜欢吗？

   B：我很喜欢。_____，今天中午吃什么？

   A：学校附近的四川菜很好吃，我们去那儿吧。

   B：_____，咱们就去那儿吃。

2. A：这儿的川菜真地道，你点的菜也好吃极了，你真会点菜！

   B：_____。下次我们再来吃。

交际活动

　　明天是一个同学的生日，大家要一起吃饭，请你们选择一个饭馆，然后决定要点什么菜，并告诉我们为什么选择这个饭馆，为什么点这些菜，怎么点菜。然后，在课堂上报告给同学和老师。

第三课
讲 价
——买东西

热身

1. 你常常在哪里买东西?

2. 你会讲价吗?

3. 你有什么讲价的好办法?

① 在服装市场买衣服，与售货员讲价

顾　客：那件红色的衣服多少钱？

售货员：三百八。你看，多好看啊，又时髦①又漂亮，非常适合②你！

顾　客：可是这衣服有点儿长，有没有比这件短一点儿的？

售货员：没有了。这件打折卖给你，三百，怎么样③？商场里比这儿贵多了，卖五百块呢！

顾　客：还是挺贵的。我是学生，没有钱。再便宜点儿，一百八，行不行④？

售货员：行，就这样吧⑤。

① 时髦 shímáo
fashionable

② 适合 shìhé
fit, suit

③ 怎么样
How about...?
表示商量。
■A：今天晚上吃日本饭，怎么样？
　B：好啊。

④ 行不行
Is that OK?
表示商量。
■A：每天学习二十个词，行不行？
　B：行。

⑤ 行，就这样吧
"Yes, all right." It means to agree and decide to do so.
表示同意并决定。
■A：这件衣服五十块行不行？
　B：行，就这样吧。

一、回答问题

1. 这件衣服多少钱？
2. 售货员说这件衣服怎么样？
3. 顾客觉得这件衣服怎么样？她想要什么样的衣服？
4. 售货员为什么打折卖给她？商场里这样的衣服多少钱？
5. 那件衣服本来多少钱？她最后多少钱买的？
6. 她讲价的办法好不好？你还有什么讲价的好办法？

二、用所给的关键词语复述课文

时髦　漂亮　适合　打折　有点儿……　……比……　怎么样　挺　便宜　贵　行不行　行，就这样吧

三、用所给的关键词语做练习

有点儿…… ……比…… 打折 听说 颜色 样子 喜欢 合适 时髦 便宜 贵 缺点 ……,怎么样 ……,行不行 行,就这样吧

1. 分角色表演：在服装市场，你看到一件衣服特别漂亮，可是售货员要五百块钱，请他便宜一点卖给你。

② 两个朋友在谈论新买的衣服

A：这件衣服真漂亮，看起来质量①也很好，一定是在大商场买的吧②？

B：不是，是在学校附近的服装市场③买的。一般来说，我不去大商场买东西。

A：为什么？大商场的东西质量很好，而且没有假货④，比服装市场好多了。

B：可是价钱没有服装市场便宜，这是大商场最大的缺点。

A：服装市场的东西虽然便宜，不过也许会买到假货。

B：是啊，假如去那里买东西，一定要小心。

A：对了，节日⑤的时候，大商场常常打折，那时候可以买到又便宜又好的东西。

①质量 zhìliàng
quality

②一定……吧
It's used to make a guess.
表示猜测。
■ 这么多人来这个饭馆吃饭,这里的菜一定很好吃吧？

③市场 shìchǎng
market

④假货 jiǎ huò
fake stuff

⑤节日 jiérì
festival

一、回答问题

1. A觉得B的衣服是在哪里买的？为什么？
2. B的衣服是在哪里买的？

3. B常常在哪儿买东西？为什么？A呢？
4. A觉得大商场的东西怎么样？他喜欢去服装市场买东西吗？B呢？
5. 去服装市场买东西，为了不买到假货，应该怎么办？
6. 你觉得去大商场买东西有什么优点和缺点？
7. 最好什么时候去大商场买东西？为什么？
8. 你常去大商场还是去服装市场买衣服？为什么？

二、用所给的关键词语复述课文

质量　一定……吧　市场　商场　一般来说　假货　没有　比　缺点　便宜　贵　打折

三、用所给的关键词语做练习

质量　价钱　假货　讲价　便宜　贵　打折　勇气　脸色　难看　一般来说　讲价　……，怎么样　……，行不行　行，就这样吧　一定……吧

1. 对话练习：你的朋友约你一起买衣服，但是她想去大商场买衣服，你想去服装市场买衣服。跟她商量商量吧。

③ 两个朋友在讨论对讲价的看法

①上当 shàngdàng
be fooled, be taken in

②别生气
"Don't worry!" It's used to comfort someone.
表示安慰。
■A:我的男朋友有了新的女朋友！
B:别生气，你一定会找到更好的男朋友。

A：怎么脸色这么难看？
B：刚才买衣服上当①了。我觉得讲价以后，买到了很便宜的东西，没想到比朋友买的贵多了。
A：别生气②，以后有了经验，就不会上当了。
B：我现在真不喜欢讲价。为了买到便宜的东西，要用很长时间，说很多话，有时候还得说假话。为什么不直接③告诉我们真正的价钱呢？

第一单元 日常生活
第三课 讲 价

A：一定是讲价的时候，人们都觉得自己买到了便宜的东西吧。所以喜欢狠狠地讲价，然后买到好东西的感觉。

B：也许是吧，大商场也总是用打折的办法来吸引④人们。

③直接 zhíjiē
directly

④吸引 xīyǐn
attract

一、回答问题

1. B为什么脸色很难看？
2. A怎么安慰（confort）她？
3. B喜欢讲价吗？为什么？
4. A觉得人们为什么喜欢讲价？
5. 讲价以后，一定能买到便宜的东西吗？
6. 你喜欢讲价吗？为什么？
7. 你觉得为什么有的人喜欢讲价？

二、用所给的关键词语复述课文

脸色　上当　比　别生气　假话　直接　价钱　也许……吧　狠狠地　打折　吸引

三、用所给的关键词语做练习

练习　便宜　上当　经验　勇气　浪费　有意思　狠狠地　吸引　脸色　精神　受伤　别生气　……,怎么样　……,行不行　行,就这样吧　一定……吧

1. 讨论：假如你是买东西的顾客，你喜欢讲价还是打折？假如你是老板呢？为什么？

听力练习

一、听后判断正误

1. 妻子让丈夫跟她去买东西。
2. 丈夫觉得商场打折时的价钱最便宜。
3. 商场打折时人们会多买东西。
4. 妻子决定了要买什么。
5. 丈夫觉得妻子会买很多他们需要的东西。

二、听后回答问题

1. 妻子为什么让丈夫陪她去买东西?
2. 丈夫觉得商场为什么打折?
3. 妻子已经想好买什么了吗?她要怎么办?
4. 丈夫觉得妻子会买什么样的东西?
5. 听完这段对话,你觉得丈夫想跟妻子去买东西吗?为什么?

三、听后复述短文

功能点练习

用所给的功能点完成对话

……,怎么样 　……,行不行 　行,就这样吧 　一定……吧 　别生气

1. A:这本书送给我,_____?

   B:不行,我还没看完呢!那一本送给你,_____?

   A:_____。那一本我也很喜欢。

2. A：这么没精神，昨天晚上_____？

　　B：是啊，三点才睡！困死了！今天早上七点你就叫我起床，真讨厌！

　　A：_____，下课以后再睡会儿。

交际活动

问问你的同学喜欢不喜欢讲价，为什么？有什么讲价的好办法？在课堂上报告你的调查结果。

第四课
一位出租汽车司机
——出门

热 身

1. 你骑过自行车吗?
2. 你喜欢坐公共汽车吗?
3. 地铁是不是很好的交通工具?

第一单元　日常生活
第四课　一位出租汽车司机

① 在出租车上，乘客与司机的对话

司机：你好，去哪儿啊？

乘客：从这儿右转①去火车站。

司机：右转，是走二号路吗？

乘客：对，二号路近点儿。

司机：可是堵车很厉害，走三号路好一点儿。

乘客：好吧，就听你的②，咱们直走③上三号路吧，我最怕堵车。

司机：火车站到了。

乘客：多少钱？

司机：一共是35块。

乘客：给您钱，我要发票④。

司机：这是发票，您收好，别落⑤东西。

①右转 yòu zhuǎn
turn right

②好吧，就听你的
"All right!" It means to agree to take one's advice.
表示顺从，接受别人的建议。
■A：四川菜太辣了，我们去吃上海菜吧。
　B：好吧，就听你的。

③直走 zhí zǒu
go straight

④发票 fāpiào
receipt

⑤落 là
to leave, forget sth.

一、回答问题

1. 乘客要去哪里？他想怎么走？为什么？
2. 司机觉得乘客的建议怎么样？他想怎么走？
3. 他们最后决定怎么走？为什么？
4. 下车的时候，乘客要什么？司机提醒乘客什么？
5. 你遇到过堵车吗？你觉得怎么样？
6. 你在北京坐过出租车吗？你对北京的出租车司机有什么印象？

二、用所给的关键词语复述课文

右转　近　堵车　直走　好吧,就听你的　发票　落

三、用所给的关键词语做练习

堵车　放松　开心　赚　付　路费　浪费　时间　心情　有意思
……极了　聊天　真诚　骗　好奇　从来没……　右转　直走
好吧，就听你的

1. 如果你是出租车司机，你喜欢堵车吗？堵车的时候你做什么？
2. 你要坐出租车去天安门，请表演你与司机的对话。

② 几个朋友聊天，谈论自己常用的交通工具

A：我喜欢坐公共汽车，那么多人，多热闹啊！
B：上下班高峰①，车上的人多极了，堵车也很厉害，我不喜欢坐公共汽车。
C：你骑自行车上班吗？
B：我们家离公司挺远的，不能骑自行车，我坐出租车。
A：坐出租车挺贵的。
B：可是比自己开车便宜。我喜欢跟出租车司机聊天儿，可以知道很多有意思的事儿，开心极了。
C：我还是②喜欢坐地铁，便宜，可以省不少路费，最重要的是，从来不会堵车。

> ①高峰 gāofēng
> peak time
>
> ②还是
> "Still." It means making a choice after comparison. 表示经过比较以后最终的选择。
> ■虽然他们都说上海比北京好，我还是喜欢北京。

一、回答问题

1. A为什么喜欢坐公共汽车？
2. B也喜欢坐公共汽车吗？为什么？
3. B平时怎么去上班？他觉得坐出租车有什么好处？

4. C喜欢什么交通工具？为什么？

5. 在你的国家，你常用什么交通工具？在北京呢？

6. 你喜欢用什么交通工具？为什么？

二、用所给的关键词语复述课文

公共汽车　热闹　高峰　堵车　自行车　出租车　贵　便宜　聊天儿
开心　……极了　地铁　省　路费　还是　从来不/没

三、用所给的关键词语做练习

热闹　挤　排队　高峰　堵车　贵　省　聊天儿　有意思　开心
……极了　运动　污染　保护环境　从来不/没　还是　好吧，就听你的

1. 讨论：你和朋友要去王府井，坐公共汽车、出租车、地铁还是骑自行车去呢？为什么？

③ 坐出租车丢了东西，请朋友帮忙给出租车公司打电话

A：我从来没遇到过这样的事情，怎么办啊？

B：找到出租车发票，我帮你打电话。

B：您好？是出租车公司吗？

出租车公司：是啊，有什么事吗？

B：我的朋友昨天坐你们公司的出租车去机场，下车以后，发现钱包不见了。钱包里有护照①、学生证②，还有一些钱，您能不能帮我们找找？

出租车公司：别着急③，像这样的事情挺多的，我们一定想办法帮您找。告诉我车牌号④和您坐车的时间，有消息⑤我们会给您打电话。

①护照 hùzhào
passport

②学生证 xuéshēngzhèng
student ID card

③别着急
"Don't worry!" It's used to comfort someone.
表示安慰。
■A：没有准备好听写，怎么办啊？
　B：别着急，现在还有时间。

④车牌号 chē pái hào
licence plate number

⑤消息 xiāoxi
information

25

一、回答问题

1. A怎么了？她为什么请B帮忙？
2. B怎么帮A的忙？他们是怎么找到出租车公司的？
3. A的钱包是怎么丢的？她的钱包里有什么？
4. 出租车公司想知道什么？
5. 你在出租车上丢过东西吗？有没有办法找回来？
6. 你觉得坐出租车应该注意什么？

二、用所给的关键词语复述课文

从来不/没　遇到　发票　打电话　机场　钱包　护照　学生证　别着急　一定　车牌号

三、用所给的关键词语做练习

发票　车牌号　时间　护照　打电话　印象　……极了　从来没……
别着急　一定　还是　好吧,就听你的

1. 对话练习：你的朋友坐出租车时丢了东西，请给出租车公司打电话。

听力练习

一、听后判断正误

1. 很多出租车司机遇上堵车很高兴。
2. 我觉得堵车时出租车司机应该心情不好。
3. 我觉得堵车时出租车司机可以休息一下。
4. 堵车时乘客不用付车费，因为堵车不是乘客的错。
5. 堵车时出租车司机又能休息又能赚钱。

二、听后回答问题

1. 大多数出租车司机觉得堵车怎么样？
2. 我认为堵车时出租车司机可以干什么？

3. 堵车时外面有哪些可以看的景色？

4. "计价器上的数字不断地变化"是什么意思？

5. 我为什么觉得堵车时出租车司机应该高兴？

三、听后填空

1. 很多出租车司机非常讨厌堵车，_____遇到堵车的时候会心情不好。

2. 堵车的时候可以_____一下，看看外面的景色。

3. 堵车时，司机又能休息又能_____，当然很_____。

四、听后复述短文

功能点练习

用所给的功能点完成对话

好吧,就听你的　　还是　　别着急

1. A：我的钱包不见了，急死了！

   B：_____，也许你放在宿舍了，回去看看吧。

   A：_____，现在就回去。

2. 乘客：去天安门广场。

   司机：现在堵车很厉害，坐地铁比较快。

   乘客：没关系，我有时间，我_____。

   司机：_____。

交际活动

问问你的同学对出租车和出租车司机的印象。请他们谈谈为什么会有这种印象，然后在课堂上报告你的调查结果。

单元总结

同意、赞成

1. 你说得没错

A：你这么没精神，不但学不好，而且身体也不舒服。

B：你说得没错，可是，你有什么好办法吗？（第一课）

2. 有道理

A：早点儿睡早点儿起，精神好了，才能学好。

B：好像很有道理，我今天就试试。（第一课）

3. 这个建议不错

B：对了，我们请服务员帮我们推荐几道特色菜吧。

A：这个建议不错。服务员，你们有什么特色菜？（第二课）

4. 是啊

A：昨天吃的上海菜真不错！

B：是啊，大家都说那是地道的上海菜。（第二课）

5. 行，就这样吧

顾　客：还是挺贵的。我是学生，没有钱。再便宜点儿，一百八，行不行？

售货员：行，就这样吧。（第三课）

责备

1. 不像话

只要不上班就睡懒觉！不像话！（第一课）

2. 像什么话

像什么话！每次都说是因为堵车。（第一课）

谦虚

1. 哪里，哪里

B：色香味俱全。你真会点菜！

D：哪里，哪里，说得我都不好意思了。（第二课）

商量

1. 怎么样

这件打折卖给你，三百，怎么样？（第三课）

2. 行不行

再便宜点儿，一百八，行不行？（第三课）

猜测

1. 一定……吧

这件衣服真漂亮，看起来质量也很好，一定是在大商场买的吧？（第三课）

安慰

1. 别生气

B：刚才买衣服上当了。我觉得讲价以后，买到了很便宜的东西，没想到比朋友买的贵多了。

A：别生气，以后有了经验，就不会上当了。（第三课）

2. 别着急

B：我的朋友昨天坐你们公司的出租车去机场，下车以后，发现钱包不见了。钱包里有护照、学生证，还有一些钱，您能不能帮我们找找？

出租车公司：别着急，像这样的事情挺多的，我们一定想办法帮您找。
（第四课）

顺从

1. 好吧，就听你的

司机：可是堵车很厉害，走三号路好一点儿。

乘客：好吧，就听你的，咱们直走上三号路吧，我最怕堵车。（第四课）

说话时,想起另外一件事情

1. 对了

A: 别客气,点你想吃的菜。

B: 对了,我们请服务员帮我们推荐几道特色菜吧。(第二课)

选择

1. 还是

我还是喜欢坐地铁,便宜,可以省不少路费,最重要的是,从来不会堵车。(第四课)

第二单元
休闲娱乐

第二单元学习目标

本单元讨论运动健身娱乐方式、看电视、兴趣爱好等休闲、娱乐相关的话题。

第五课，要求运用所学词语和功能点，能够说明自己运动方面的爱好和特长，学会简单介绍和描述体育比赛的过程、讨论健康与健身，并能听懂运动与健康的话题。

第六课，要求运用所学词语和功能点，学会比较不同的休闲娱乐方式，学会邀请别人参加聚会或别的娱乐活动，能够描述并评价某项休闲娱乐活动，并能听懂休闲娱乐有关的话题。

第七课，要求运用所学词语和功能点，学会简单介绍并评价不同的电视节目，能够评价电视给生活带来的影响，并能听懂电视有关的话题。

第八课，要求运用所学词语和功能点，学会说明某人的爱好、兴趣，比较并评价不同的减肥方法，并能听懂做饭有关的话题。

第二单元 休闲娱乐
第五课 运动的故事

第五课
运动的故事
——运动、健身

热身

1. 你喜欢什么运动?

2. 你喜欢在操场还是在健身房运动?

3. 你喜欢看体育比赛吗?喜欢看什么比赛?

33

1 跟同屋谈论喜欢的运动

A：天还没亮你就不见了，干什么去了？

B：跑步啊。我习惯了每天早上跑步，不仅能锻炼身体，还能呼吸新鲜①空气。对了，你喜欢运动吗？

A：跟你一样，我也喜欢运动。只要一天不运动，我就睡不着觉。不过我不喜欢跑步，我喜欢打球，我对中国武术②也很感兴趣。

B：那你一定会打太极拳吧？

A：当然了③，我还当过太极拳课的老师呢！

B：太棒了④！从明天起你教我打太极拳吧，怎么样，老师？

①新鲜 xīnxiān
fresh

②武术 wǔshù
martial arts, wushu

③当然了
certainly, of course
表示肯定。
■A：你会说中文吗？
　B：当然了。

④太棒了
wonderful, great
表示称赞。
■A：明天不上课。
　B：太棒了！

一、回答问题

1. B每天什么时候运动？他做什么运动？为什么？
2. A喜欢运动吗？他喜欢什么运动？他会不会打太极拳？
3. A想让B做什么？
4. 你会中国武术或者会打太极拳吗？在哪里学的？不会的话，你想学吗？
5. 你喜欢运动吗？你最喜欢的运动是什么？你为什么喜欢那种运动？

二、用所给的关键词语复述课文

亮　跑步　习惯　锻炼　只要……就……　睡不着觉　打球　武术
对……感兴趣　一定……吧　当然　太棒了

三、用所给的关键词语做练习

习惯　喜欢　对……感兴趣　太棒了　没想到　看来　锻炼　呼吸
睡不着觉　吃不下饭　只要……就……　健康　漂亮　当然

1. 谈谈你们喜欢什么运动或对什么运动感兴趣，为什么？

② 向同学介绍昨天的足球比赛

A：听说你们赢①了昨天的足球比赛，祝贺你们！

B：谢谢！

A：比分②是多少？

B：一比零。说实话③，对方也真不错。上半场零比零踢平④了，下半场开始一直都没进球，我以为再也没有机会了，没想到快结束时我们进了一个球。

A：是吗⑤？看来比赛一定很精彩⑥，真遗憾⑦昨天没去看比赛。

B：下次一定来啊！

①赢 yíng
to win

②比分 bǐfēn
score

③说实话 shuō shíhuà
to be honest

④平 píng
make the same score

⑤是吗
It's used to confirm.
表示确认。

⑥精彩 jīngcǎi
wonderful

⑦真遗憾
What a pity!
表示遗憾。
■真遗憾昨天没有去看电影。

一、回答问题

1. 昨天的足球比赛哪个队赢了？比分是多少？
2. 比赛的情况是怎么样的？
3. A去看比赛了吗？他觉得遗憾吗？为什么？
4. 你喜欢看足球比赛吗？为什么？
5. 你喜欢看什么比赛？为什么？

二、用所给的关键词语复述课文

赢　祝贺　比分　上半场　下半场　进球　平　是吗　精彩　遗憾　一定

三、用所给的关键词语做练习

精彩　加油　上半场　下半场　只要……就……　睡不着觉　吃不下饭
比分　是吗　看来　绝对　当然　太棒了　真遗憾　祝贺

1. 表演：你喜欢看橄榄球赛，但是你的女朋友不喜欢。你会怎么说服她和你一起看你最喜欢的球队的比赛？

③ 跟同屋谈论健身

A：最近总觉得身体不舒服，没精神。

B：你是不是病了？

A：没有，可是吃不下饭，睡不着觉，回到家里就想躺着，浑身①难受极了。

B：一定是因为你不运动，坚持锻炼，身体才会好。

A：我想锻炼，可是没有时间。有时候有时间了，却找不到运动的地方。

B：周末跟我一起去健身房吧，那里绝对是运动的好地方。

①浑身 húnshēn
all over the body, from head to foot

一、回答问题

1. A最近身体怎么样？她是病了吗？
2. B觉得A为什么会这样？他有什么建议？
3. A为什么不锻炼身体？
4. B去哪里锻炼身体？

5. 你有时间锻炼身体吗？你喜欢锻炼身体吗？

6. 你经常去哪里锻炼？健身房、操场还是公园？为什么？

7. 你觉得健身房是不是运动的好地方？为什么？

二、用所给的关键词语复述课文

没精神　吃不下饭　睡不着觉　浑身　难受　坚持　你说对了
健身房　绝对

三、用所给的关键词语做练习

舒服　精神　浑身　锻炼　缺乏　年卡　健身房　健康　漂亮　操场
呼吸　空气　习惯　只要……就……　不同　绝对　太棒了　没想到
真遗憾……　当然　是吗

1. 对话练习：你的同屋很懒，不喜欢锻炼身体，请约他/她和你一起去锻炼。

2. 请你向同学推荐一个锻炼身体的好地方。（健身房/操场/公园）

听力练习

一、听后判断正误

1. 以前我的同事老王喜欢运动。

2. 现在老王身体很好。

3. 老王这几天很不开心，因为他的身体不好。

4. 老王在健身房办的卡只能用一个月。

二、听后回答问题

1. 老王为什么很胖？

2. 老王为什么常常到医院看病？

3. 老王这几天跟以前有什么不一样？

4. 老王为什么要做运动？

5. 老王约我干什么？

三、听后填空

1. 我的同事老王很胖,他不喜欢_____。

2. 老王很懒,只要能躺着就_____不坐着。

3. 老王告诉我他在健身房办了_____。

4. 老王开始减肥了,还约我一起去_____。

四、听后复述短文

功能点练习

用所给的功能点完成对话

当然了　　太棒了　　是吗　　真遗憾……

1. A:这本书你能看懂吗?

   B:_____,这是我最喜欢的书。

   A:_____?一定很有意思吧。借给我看看,行不行?

   B:行。

2. A:_____,这是我最爱吃的!

   B:_____?我不知道啊,_____没有多买一些。

交际活动

问问你的同学的运动习惯,比如他们喜欢什么时候运动,喜欢哪一种运动,并请他们谈谈为什么喜欢这些运动。然后在课堂上报告你的调查结果。

第二单元 休闲娱乐
第六课 夜生活

第六课
夜生活
——娱乐活动

热身

1. 你去过酒吧吗？

2. 你看过京剧表演吗？

3. 你喜欢上网聊天吗？

4. 你晚上常常做什么？

1 跟朋友讨论晚上做什么

① ……，怎么样
"How about...?"
It indicates an invitation.
表示邀请（商量的口气）。
■A：晚上一起去酒吧，怎么样？
　B：好啊！

② ……，好不好
"Is that OK?"
It indicates an invitation.
表示邀请（商量的口气）。
■A：下课以后去打球，好不好？
　B：不行，我有事。

③ 我今天没时间，以后再说吧
I have no time today, let's leave it later.
表示委婉的拒绝。
■A：我们一起去看电影，怎么样？
　B：我今天没时间，以后再说吧。

A：又到周末了，咱们出去玩玩儿，怎么样①？
B：出去玩儿，不是吃饭就是唱歌儿，每次差不多都一样，没意思。
A：听说这儿有一些很特别的酒吧，咱们去看看，好不好②？
B：酒吧？
A：我们可以去听听音乐、聊聊天儿，也许还能认识几个新朋友呢！
B：听起来还不错，不过，我今天没时间，以后再说吧③。

一、回答问题

1. 他们打算什么时候出去玩儿？
2. 以前周末时他们常常做什么？B喜欢吗？
3. 这次A有什么新建议？在酒吧可以做什么？
4. B接受A的邀请了吗？
5. 周末你经常和朋友去哪里玩？
6. 你喜欢唱歌或者去酒吧吗？为什么？

二、用所给的关键词语复述课文

周末　怎么样　不是……就是……　差不多　没意思　……，好不好
酒吧　新朋友　我今天没时间，以后再说吧

三、用所给的关键词语做练习

差不多　没意思　有意思　听说　跟你一样,我也……　太棒了　没想到
不是……就是……　轻松　自在　夜生活　度过　无论……都……
……,怎么样　……,好不好　我今天没时间,以后再说吧

1. 对话练习：周末到了，请邀请你的朋友一起出去玩儿。

② 跟朋友谈论公园里的京剧表演

A：来中国以前，我听说京剧是中国传统文化的重要组成部分，跟西方的歌剧①差不多。

B：跟你一样，我以前也有这样的想法。现在才明白它们其实②很不一样。

A：我真没想到有那么多人喜欢京剧。

B：是啊，在这个公园里，无论早上还是晚上，无论天气好不好，你都能看到这些唱京剧的戏迷③，他们的生活已经离不开京剧了。

A：我发现年轻的戏迷没有老人那么多。

B：不过，现在也越来越多④了，甚至很多外国人也成了戏迷。

①歌剧 gējù
opera

②其实 qíshí
in fact

③戏迷 xìmí
playgoer, theatergoer

④越来越多
　yuè lái yuè duō
getting more and more

一、回答问题

1. 来中国以前，他们觉得京剧怎么样？
2. 来到中国以后他们发现了什么？
3. A以前觉得有那么多人喜欢京剧吗？
4. A在公园里看到了什么？
5. 现在戏迷多不多？他们是什么样的人？

6. 京剧在中国传统文化中重要吗？你看过京剧吗？你觉得京剧怎么样？

7. 你看过歌剧吗？怎么样？

8. 看歌剧的观众多不多？他们是什么样的人？

9. 京剧跟歌剧一样吗？有什么相同和不同？

二、用所给的关键词语复述课文

传统　组成部分　跟……差不多　其实　不同　无论……都……　戏迷　离不开　越来越多　甚至

三、用所给的关键词语做练习

跟……差不多　不同　看不懂　戏迷　脸谱　轻松　传统　甚至　另外　好看　好听　听说　对……有兴趣　没意思　有意思　绝对　看来　无论……都……

1. 对话练习：你是一个外国人，请采访中国的戏迷。

3 跟朋友谈网上聊天

①新闻 xīnwén
news

②电子邮件 diànzǐ yóujiàn
e-mail

③怎么会……呢
"How could it be..." It indicates a disagreement.
表示反对，不同意。
■A：我觉得学汉字很容易。
　B：怎么会容易呢？太难了。

A：听说60%的大学生都喜欢上网聊天儿。

B：对啊，我也喜欢，你呢？

A：我喜欢上网看新闻①，发电子邮件②，但是不喜欢上网聊天。跟不认识的人聊天，没意思。

B：怎么会没意思呢③？大家都不认识，所以聊天非常轻松、自在，聊得时间长了，互相了解了，就成了朋友。

A：没见过面，只能叫"网友"。

B：网络上也可以有真诚的朋友啊！

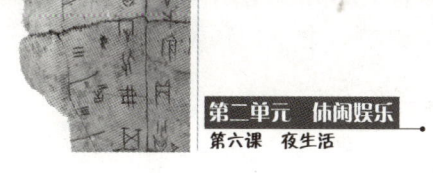

一、回答问题

1. 大多数大学生喜欢做什么？
2. A上网的时候做什么？不做什么？为什么？
3. B觉得上网聊天怎么样？A同意他的说法吗？
4. 你喜欢上网聊天吗？为什么？你在网上还做什么事情？
5. 你觉得网络上有真诚的朋友吗？
6. 你有"网友"吗？谈谈他/她是什么样的人。

二、用所给的关键词语复述课文

听说　上网　对啊　新闻　发电子邮件　没意思　怎么会……呢
轻松　自在　网友

三、用所给的关键词语做练习

听说　没意思　跟你一样，我也……　聊天　内容　丰富　轻松　自在
离不开　无论……都……　不是……就是……　电子邮件　新闻　不像话
建议　没想到　怎么会……呢　对啊　另外　在……中

1. 对话练习：你的妹妹喜欢上网聊天，常常不做作业，你觉得妹妹不应该这样。

听力练习

一、听后判断正误

1. 早上八点钟以后，胡同里有大排档。
2. 我最爱吃的是烧烤。
3. 大排档的东西又好吃又便宜。
4. 晚上在大排档吃饭的人很多。
5. 我吃饭的时候，认识了几个中国朋友。

二、听后回答问题

1. 大排档有什么东西？

2. 为什么大排档的生意很好？

3. 我喜欢大排档吗？为什么？

三、听后复述短文

功能点练习

用所给的功能点完成对话

……，怎么样   ……，好不好   我今天没时间，以后再说吧

怎么会……呢

1. A：下课以后一起去吃饭，_____？

   B：行，去哪里吃？

   A：日本料理，_____？

   B：不好吃！

   A：_____？挺好的。

2. A：我们一起去看电影吧。

   B：对不起，_____。

交际活动

问问你的同学的夜生活，再问几个中国人的夜生活。比较一下你们和中国人的夜生活一样吗？然后在课堂上报告你的调查结果。

第二单元 休闲娱乐
第七课 外来人

第七课
外来人
——让人又爱又恨的电视

热身

1. 你喜欢看电视吗？
2. 你会和家人抢着看自己喜欢的节目吗？
3. 父母有没有限制你看电视？

45

1 一家人抢着看电视

孩子：我要看西游记①！

爸爸：不行②，今天的球赛很重要，赶快换台③！

妈妈：这个电视剧一星期才有一次，任何人都不能抢……

爸爸：那些肥皂剧④，只能让你多流几滴眼泪，有什么好看的。

孩子：你们不讲理⑤，我天天有很多作业，周末也不让我看电视！

爸爸：好孩子，让爸爸看球赛吧⑥。球赛一场接⑦一场，少了一场就少了一份乐趣⑧嘛！

孩子、妈妈：不行！

爸爸：都快七点半了，球赛要开始了，不和你们吵了……

一、回答问题

1. 这家人为什么争吵？
2. 爸爸、妈妈、孩子各自要看什么电视节目？
3. 爸爸为什么一定要看球赛？孩子为什么觉得他应该看电视？
4. 爸爸觉得妈妈喜欢的电视剧怎么样？
5. 你喜欢看电视吗？喜欢看什么电视节目？为什么？
6. 你们家有没有发生过为了看电视而争吵的事情？

---

① 西游记 Xīyóujì
Story of a Journey to the West

② 不行
No way!
表示拒绝。
■ A: 我不想起床。
　B: 不行，快起！

③ 台 tái
channel

④ 肥皂剧 féizàojù
soap opera

⑤ 不讲理 bù jiǎng lǐ
unreasonable

⑥ 让(某人)……吧
It's used to make a request.
表示请求。
■ 我一个星期没看电视了，让我看一次吧！

⑦ 接 jiē
one after another

⑧ 乐趣 lèqù
interest

二、用所给的关键词语复述课文

西游记　不行　球赛　换台　任何　肥皂剧　有什么好看的　不讲理　让(某人)……吧

三、用所给的关键词语做练习

换台　流眼泪　曾经　任何　关系　吸引　关于　球赛　电视剧　肥皂剧　动画片　演唱会　精彩　不行　不讲理　糟了　让(某人)……吧

1. 对话练习：你要看你喜欢的节目，可是你的女朋友/男朋友想看别的节目，你们会说什么？

② 家长和孩子对看电视有不同的看法

家长说：

A：看电视对眼睛不好，时间长了会近视①。

B：看电视会影响②学习成绩。电视节目吸引孩子的注意力，不知不觉就忘了老师的要求，忘了写作业。

C：坐在电视机前的时间多，运动的时间就少，影响身体健康，很容易发胖。

孩子们说：

A：看电视让我们很放松，开心极了！

B：在电视上我不知不觉地认识了很多字。

C：还让我学到了关于科技、动物等③很多知识。

①近视 jìnshì
near-sighted

②影响 yǐngxiǎng
to affect

③……等
...and so on
表示列举。
■这个店里有毛衣、裤子、鞋等很多东西。

一、回答问题

1. 在家长看来，看电视有什么缺点？
2. 你认为他们的话有道理吗？
3. 孩子们觉得看电视怎么样？
4. 你觉得看电视的优点多还是缺点多？
5. 你觉得孩子们应该看电视吗？为什么？
6. 你觉得孩子们除了看电视以外，还应该有什么活动？

二、用所给的关键词语复述课文

近视　影响　成绩　吸引　不知不觉　要求　发胖　放松　科技　动物　……等

三、用所给的关键词语做练习

近视　影响　成绩　注意力　吸引　脏话　不知不觉　批评　朋友　运动　健康　读书　任何　曾经　不行　……等　有什么好看的　不讲理　让（某人）……吧

1. 对话练习：你是一个小学生的家长，孩子很喜欢看电视，你希望他少看电视，多做些别的活动。

3 家长在讨论对电视节目的看法

A：现在的电视节目越来越多，也越来越有意思了。

B：是啊。不过，一些色情①、暴力②的内容也开始在节目中出现了。

A：没错。我最讨厌节目中说到性，真让人尴尬。

B：跟你一样，我也讨厌节目中出现的吸烟、喝酒、打架的内容。

①色情 sèqíng
pornographic

②暴力 bàolì
violence

第二单元 休闲娱乐
第七课 外来人

A：要是孩子们看到这样的节目，而且以为这样做很酷，该怎么办呢③？

B：为了孩子，应该限制电视节目的内容。

> ③要是……，该怎么办呢
> If..., then what shall we do?
> 表示担心某种情况的出现。
> ■要是妈妈知道我又熬夜了，该怎么办呢？

一、回答问题

1. A觉得现在的电视节目怎么样？
2. B同意A的说法吗？B觉得电视节目有什么问题？
3. 人们讨厌电视中出现哪些事情？为什么？
4. 她们担心什么？
5. B觉得为了不让孩子看到不好的内容，应该怎么做？
6. 在你的国家，电视节目中有什么不好的内容？对孩子有什么影响？
7. 家长有什么办法保护孩子？
8. 你觉得要不要限制电视节目的内容？

二、用所给的关键词语复述课文

色情　暴力　你说得没错　讨厌　性　尴尬　吸烟　酷
要是……，该怎么办呢　限制

三、用所给的关键词语做练习

黄色　暴力　脏话　酷　尴尬　性　不知不觉　批评　影响　糟了
有道理　不讲理　……等　要是……，该怎么办呢　不行
让(某人)……吧

1. 对话练习：你是一个初中生，有一些电视节目父母不允许你看，可是你真的很好奇（curious），请跟父母谈谈吧。

听力练习

一、听后判断正误

1. 我喜欢晚上吃饭前看电视。
2. 我喜欢看有意思的电视剧。
3. 我从电视上学做菜,但是做的菜很难吃。
4. 我儿子不喜欢看电视。
5. 我很担心我儿子的学习成绩。

二、听后回答问题

1. 我喜欢看什么电视节目?
2. 我儿子的爱好跟我一样吗?
3. 我儿子的学习成绩现在怎么样?为什么?

三、听后填空

1. 我喜欢看电视剧,陪着电视剧里的人_____地笑和流_____。
2. 我还喜欢关于_____的节目。
3. 跟我一样,我的儿子现在也是个_____。

四、听后复述短文

功能点练习

用所给的功能点完成对话

不行　让(某人)……吧　要是……,该怎么办呢

1. A:你千里迢迢来我们这里,_____。
   B:_____,今天我一定要请你。

2. A:我没有带伞,_____?
   B:没事儿,我有。

交际活动

表演：三个或者四个同学一组，表演一个与看电视有关的节目。时间不能短于5分钟，可以自己选话题。比如说一家人因为看电视吵架，或者几个朋友讨论看电视的好处和坏处，或者你和朋友在看电视时发生的事情，等等。

第八课

我爱做饭
——你有什么爱好

热身

1. 你会做饭吗?
   你喜欢不喜欢做饭? 为什么?

2. 你喜欢享受美食吗?
   你担心发胖吗?

3. 你有什么爱好?

① 几位家庭主妇在谈论做饭

A：一天做三顿饭，我好像变成了家里雇的厨师。

B：我要是能有业余厨师的水平就好了①，能照顾好家人，多开心啊！

C：是啊，常常出去吃饭，既浪费钱又影响健康。

A：你们的看法太俗了，做饭不仅影响美容，而且让我们失去了很多享受生活的时间。

B：哪儿能这么说啊②？把美味的饭菜摆在家人面前，看着他们满足的样子，就是享受生活啊！

A：现实点儿吧！天天做饭，一定会觉得腻。

> ①要是……就好了
> It would be great if...
> 表示希望。
> ■我要是说中文说得跟中国人一样就好了。

> ②哪儿能这么说啊
> How can you say that?
> 表示不同意别人的看法。
> ■A：天天做饭，真没意思。
> 　B：哪儿能这么说啊？做饭多有意思啊！

一、回答问题

1. A喜欢天天做饭吗？为什么？B呢？
2. C觉得经常出去吃饭好吗？为什么？
3. A觉得B和C的看法怎么样？
4. B觉得什么是享受生活？
5. 你喜欢在家里吃饭还是出去吃饭？为什么？
6. 你会做饭吗？你喜欢做饭吗？你觉得做饭是享受生活还是天天出去吃饭能享受生活？
7. 你觉得什么是享受生活？

二、用所给的关键词语复述课文

厨师　雇　要是……就好了　业余　浪费　健康　俗　哪儿能这么说啊
享受　把……在/到……　满足　现实

三、用所给的关键词语做练习

腻　雇　厨师　美味　食物　美容　享受　照顾　俗话　民以食为天
既……又……　俗　浪费　影响　显得　与……相比……　把……在/到……
只有……才……　要是……就好了　哪儿能这么说啊

1. 对话练习：你的男朋友认为好妻子应该天天在家做饭，做好饭等着家人回来一起吃。你同意他的看法吗？跟他谈谈吧。

② 劝正在减肥的朋友吃饭

A：你最爱吃的红烧肉，既营养又美味，还能美容，赶快吃吧！

B：太油腻，我减肥呢。

A：俗话说，民以食为天，减肥也得吃饭啊！跟那些胖子相比，你一点儿也不胖，不要再减肥了①。

B：你身材②那么好，当然不用担心啦！

A：我要享受生活，看着那么多美食不敢吃，多难过啊！对了，我建议你试试别的方法，只靠少吃饭也没用。

B：运动太累了，吃减肥药既影响健康又浪费钱，你还有什么好办法？

---

①不要再……了
Don't ... any more.
表示劝告别人别做某事。
■你精神这么不好，不要再熬夜了。

②身材 shēncái
figure, stature

一、回答问题

1. B最爱吃什么菜？这道菜有什么好处？
2. B吃红烧肉了吗？为什么？
3. A同意B不吃东西吗？为什么？
4. A觉得不吃饭对减肥有帮助吗？她建议B怎么办？
5. B觉得别的方法好吗？
6. 你还知道哪些减肥的办法？
7. 你觉得哪种减肥的办法最有用？

二、用所给的关键词语复述课文

营养　美容　油腻　减肥　俗话说　民以食为天　不要再……了　身材　运动　减肥药

三、用所给的关键词语做练习

减肥　与相比，……　民以食为天　运动　减肥药　享受　俗　不行　你说得没错　有道理　只有……才……　不要再……了　要是……就好了　哪儿能这么说啊

1. 对话练习：你邀请朋友一起吃晚饭，但是她说要减肥不吃晚饭。你觉得有必要吗？
2. 讨论：美食、健康和身材，你觉得哪一个最重要？

③ 跟朋友谈论自己的爱好

A：听说你现在是书法家①了！
B：还差得远呢②！我刚开始学习，只是业余水平，不过越学越觉得有意思。
A：为什么啊？
B：中国字就像图画一样，非常漂亮，我一看见它就产生了兴趣。

①书法家 shūfǎ jiā calligrapher

②还差得远呢
There is still a long way to go.
表示谦虚。
■A:你做的饭跟厨师做的一样好吃！
　B:还差得远呢！

A：你在哪儿学的书法啊？

B：我跟一个中国老师学的，他才是真正的书法家呢！

A：有机会的话，我也想学。

一、回答问题

1. B现在学什么？他跟谁学的？

2. B为什么学书法？

3. A觉得B现在的书法水平怎么样？B说什么？

4. A想学书法吗？

5. 你会书法吗？你觉得书法怎么样？

6. 你有什么爱好？你从什么时候开始学习的？你的水平怎么样？

二、用所给的关键词语复述课文

听说　书法家　还差得远呢　业余　有意思　图画　产生兴趣

三、用所给的关键词语做练习

有意思　对……有兴趣　喜欢　业余　显得　与相比，……　还差得远呢　既……又……　只有……才……　弹钢琴　拉小提琴　打篮球　踢足球　书法　画画　唱歌　不要再……了　要是……就好了　哪儿能这么说啊

1. 介绍一下你有什么爱好，学了多长时间，水平怎么样，为什么有这种爱好。

听力练习

一、听后判断正误

1. 丈夫想吃鱼香肉丝。

2. 丈夫想吃的菜饭馆里没有。

3. 饭馆做的菜比妻子做的好吃。

4. 丈夫觉得妻子漂亮是最重要的。

5. 妻子决定请个厨师到家里来做饭。

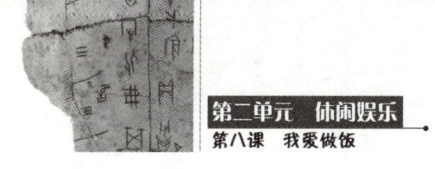

二、听后回答问题

1. 丈夫想吃什么菜？
2. 妻子为什么建议去饭馆吃？
3. 丈夫为什么想在家里吃？
4. 丈夫认为什么是最重要的？
5. 他们最后决定在家吃饭还是去饭馆吃饭？

三、听后复述短文

功能点练习

用所给的功能点完成对话

要是……就好了　　哪儿能这么说啊　　不要再……了　　还差得远呢

1. A：你中文说得真好，像中国人一样。

   B：_____，我还有很多要学的东西。

   A：听说中文难得要命。

   B：_____？只要努力一定能学好。

2. A：你现在这么瘦，_____。

   B：_____，你身材那么好，我_____。

交际活动

　　问问你的同学的爱好，并且问问他们为什么有这样的爱好，然后在课堂上报告你的调查结果。

单元总结

邀请

1. ……，怎么样

又到周末了，咱们出去玩玩儿，怎么样？（第六课）

2. ……，好不好

听说这儿有一些很特别的酒吧，咱们去看看，好不好？（第六课）

肯定

1. 当然了

B：那你一定会打太极拳吧？

A：当然了，我还当过太极拳课的老师呢！（第五课）

称赞

1. 太棒了

A：当然了，我还当过太极拳课的老师呢！

B：太棒了！从明天起你教我打太极拳吧，怎么样，老师？（第五课）

遗憾

1. 真遗憾

看来比赛一定很精彩，真遗憾昨天没去看比赛。（第五课）

确认

1. 是吗

B：一比零。说实话，对方也真不错。上半场零比零踢平了，下半场开始一直都没进球，我以为再也没有机会了，没想到快结束时我们进了一个球。

A：是吗？看来比赛一定很精彩，真遗憾昨天没去看比赛。（第五课）

谦虚

1. 还差得远呢

A：听说你现在是书法家了！

B：还差得远呢！我刚开始学习，只是业余水平，不过越学越觉得有意思。（第八课）

劝告

1. 不要再……了

跟那些胖子相比，你一点儿也不胖，不要再减肥了。（第八课）

拒绝

1. 不行

孩子：我要看西游记！

爸爸：不行，今天的球赛很重要，赶快换台！（第七课）

2. 我今天没时间，以后再说吧

A：我们可以去听听音乐、聊聊天儿，也许还能认识几个新朋友呢！

B：听起来还不错，不过，我今天没时间，以后再说吧。（第六课）

反对、不赞成

1. 哪儿能这么说啊

A：你们的看法太俗了，做饭不仅影响美容，而且让我们失去了很多享受生活的时间。

B：哪儿能这么说啊？把美味的饭菜摆在家人面前，看着他们满足的样子，就是享受生活啊！（第八课）

2. 怎么会……呢

A：我喜欢上网看新闻，发电子邮件，但是不喜欢上网聊天。跟不认识的人聊天，没意思。

B：怎么会没意思呢？大家都不认识，所以聊天非常轻松、自在，聊得时间长了，互相了解了，就成了朋友。（第六课）

希望

1. 要是……就好了

我要是能有业余厨师的水平就好了，能照顾好家人，多开心啊！（第八课）

担心

1. 要是……，该怎么办呢

B：跟你一样，我也讨厌节目中出现的吸烟、喝酒、打架的内容。

A：要是孩子们看到这样的节目，而且以为这样做很酷，该怎么办呢？
（第七课）

请求

1. 让(某人)……吧

好孩子，让爸爸看球赛吧。（第七课）

列举

1. ……等

还让我学到了关于科技、动物等很多知识。（第七课）

第三单元

个人经历

第三单元学习目标

　　本单元讨论难忘的经历、受骗上当、异国经历、出洋相等与个人经历相关的话题。

　　第九课，要求运用所学词语和功能点，学会叙述某人难忘的经历并说明原因，能够听懂与难忘的经历有关的话题。

　　第十课，要求运用所学词语和功能点，学会叙述某人上当的经历，说明自己上当以后的态度和做法，并能听懂与上当有关的话题。

　　第十一课，要求运用所学词语和功能点，学会介绍异国的风土人情，并能听懂有关国外经历的话题。

　　第十二课，要求运用所学词语和功能点，学会叙述某人出洋相的经历，说明自己对"出洋相"的看法，并能听懂有关出洋相的话题。

第三单元　个人经历
第九课　难忘的经历

第九课
难忘的经历

热　身

1. 你还记得小时候的事吗？
2. 你碰到过喜欢的明星吗？
3. 你有没有非常尴尬的经历？

1 终于①找到妈妈了

①终于 zhōngyú
finally

②吓+(补语)
be scared
表示害怕。
■我突然看到一个人来到我的房间里，吓死我了。

七岁那年，妈妈带我去夜市玩儿，夜市上到处都是人，也有很多好玩儿的东西。我跟着妈妈，一边走一边到处看。突然，我看不到妈妈了，我一下子吓傻了②，我的第一反应是大声喊妈妈，可是没听到妈妈回答。我想，说不定妈妈就在前边等我呢，就一直往前走，但还是找不到，我绝望了，就哭了起来。这时，我突然想起妈妈有手机，可以给她打电话。妈妈接到我的电话，终于找到了我！

一、回答问题

1. 妈妈带我去哪里玩儿？
2. 夜市上怎么样？
3. 突然发生了什么事？
4. 我的第一反应是什么？然后我想也许妈妈在哪儿？
5. 我怎么找到妈妈了？
6. 你觉得这个孩子聪明吗？为什么？
7. 你小时候有过跟她很像的经历吗？你最后怎么找到了父母？
8. 要是你突然找不到自己的朋友或者父母，你怎么办？
9. 假如没有手机，你有别的办法吗？

二、用所给的关键词语复述课文

夜市　到处　突然　一下子　吓+(补语)　傻　反应　大声　喊
说不定　绝望　终于

三、用所给的关键词语做练习

难忘　经历　一下子　说不定　正好　郁闷　绝望　人间　地狱　仿佛
有道理　遗憾　大声　喊　反应　当时　仿佛　吓+(补语)

1. 你小时候有什么难忘的经历，跟同学们讲讲吧。

② 我看到了张曼玉

我最难忘的经历是在香港逛街的时候，忽然遇到了我最喜欢的电影明星张曼玉。当时我正低着头走路，忽然仿佛有人推了我一下，我一抬头，真让人难以相信①！我的旁边就是张曼玉！那么动人②，那么优雅③，我一下子傻了，感觉好像在梦里一样。

①真让人难以相信
It's unbelievable!
表示吃惊。
■ 真让人难以相信，他才学了两个月中文就说得这么好。

②动人 dòngrén
lovely and amazing

③优雅 yōuyǎ
graceful and elegant

一、回答问题

1. 他遇到了哪个明星？你知道这个明星吗？
2. 他当时表现怎么样？他激动吗？
3. 你有没有见过明星？当时的情况怎么样？
4. 你听过哪个明星的演唱会？当时你激动吗？

二、用所给的关键词语复述课文

难忘　经历　明星　忽然　仿佛　推　真让人难以相信　动人　优雅
一下子　傻

三、用所给的关键词语做练习

一下子　难忘　经历　仿佛　平时　说不定　正好　跟……一样，也……
不同　动人　优雅　帅　真让人难以相信

1. 你有喜欢的明星吗？你是不是追星族？给你的朋友介绍一下你喜欢的明星。

3 真 尴 尬

今天是周末，我和几个朋友约好了去天安门广场。出门的时候，我觉得肚子不太舒服，但是过了一会儿就没事儿了。没想到到了地铁站，肚子突然疼得不得了，我得马上上厕所！我对朋友们说："真不好意思①，请等我一下。"上完厕所，我看到旁边有一个按钮，上边的字我看不懂。我想，说不定这就是冲水按钮，没想到我一按就听到了报警器的声音。我一下子傻了！这是报警器！朋友们全跑了过来，我的脸一下子变红了，太尴尬了！

①真不好意思
It's a way of making an apology.
表示道歉。
■真不好意思，我把你的杯子弄坏了。

一、回答问题

1. 我要和朋友们去哪里？
2. 出门的时候，我怎么了？
3. 到了地铁站，我得做什么？为什么？
4. 我为什么按了报警器的按钮？
5. 后来发生了什么事？我觉得怎么样？

二、用所给的关键词语复述课文

周末　天安门广场　没想到　厕所　真不好意思　按钮　报警器　按　尴尬

三、用所给的关键词语做练习

绝望　人间　地狱　一下子　仿佛　说不定　正好　傻　墙　平时　郁闷　黑暗　没想到　真不好意思　真让人难以相信

1. 你有过什么尴尬的经历？给同学们介绍一下吧。

听力练习

一、听后判断正误

1. 他呆的地方很暗，也没有人。
2. 他想打电话报警，可是没有信号。
3. 外边也很安静，没有人。
4. 他相信一定有人会来救他。

二、听后回答问题

1. 他为什么害怕极了？
2. 他为什么给妈妈打电话？
3. 外边的人为什么不去救他？
4. 他最后决定怎么办？
5. 你觉得他在哪里？发生了什么事？

三、听后复述短文

功能点练习

用所给的功能点完成对话

吓+(补语)　真让人难以相信　真不好意思

1. A：那个大学生在饭馆当服务员？_____。

   B：对啊，他去年就在这里工作了。

2. A：你这么大声说话，_____。

   B：_____，灯突然暗了，我以为发生了什么事。

交际活动

你最难忘的事情是什么？邀请你的同学和你一起在班里表演出来。你也可以被别的同学邀请做演员，表演他们最难忘的事。

第十课

上 当

热 身

1. 你喜欢网上购物吗？上过当吗？
2. 你有过上当的经历吗？
3. 要是发现上当了，你怎么办？

① 跟朋友谈论网上购物

A：你看，我在网上买的书，又便宜又好！

B：真不错。网上买东西比商店便宜多了，而且无论什么东西都可以买到。

A：不用出门，还省事呢！我有很多朋友都很喜欢在网上购物！

B：说不定以后大家都上网买东西，没有人去商店了。

A：哈哈，有可能。不过，在网上有时会买到假货。有一次，我在网上看到想要的化妆品①，价钱便宜极了，我一点儿都不怀疑就买了，等我打开包装才发现原来是假货，气死了！当时小心点儿就好了②。

B：是啊，网上买东西还是要小心一点儿。

> ①化妆品
> huàzhuāngpǐn
> cosmetics

> ②当时……就好了
> "I wish I was... at that time." It's used to express one's regret.
> 表示后悔。
> ■那个人骗了我的钱，当时我不相信他的话就好了。

一、回答问题

1. A在网上买了什么，怎么样？
2. 她们喜欢在网上买东西吗？为什么？
3. 很多年轻人喜欢在网上买东西吗？B觉得以后可能会发生什么事？
4. A在网上买东西上过当吗？是怎么回事？
5. 你在网上买过东西吗？买过什么东西？上当了吗？
6. 你喜欢在网上买东西吗？为什么？
7. 网上买的东西有什么优点和缺点？

二、用所给的关键词语复述课文

网上　便宜　无论……都　省事　说不定　化妆品　怀疑　好奇　原来　当时……就好了

三、用所给的关键词语做练习

担心　上当　骗子　伤害　好奇　怀疑　恍然大悟　大街　v.+坏了　v.+下来　糟糕　当时……就好了

1. 讨论：在网上购物，怎么样可以不上当？

② 跟朋友谈论上当了以后怎么办

A：真郁闷，上当了！
B：怎么回事儿①？
A：今天我在路口看到一个乞丐②，我看他很可怜，就给了他二十块钱。我回家以后才想起来，以前在别的地方也见过他做同样的事。
B：别生气，想开点儿③。说不定他真的需要帮助呢！
A：我敢说④，他一定是骗子。当时我要是不那么粗心就好了。

①怎么回事儿
What's the matter?
表示奇怪。
■头发的颜色变了，怎么回事儿？

②乞丐 qǐgài
begger

③想开点儿
"Let it be!" It's used to comfort some one.
表示安慰。
■A：考试没有通过，怎么办呢？
　B：想开点儿，没事儿。

④我敢说
I'm certain that...
表示有把握。
■我敢说他一定是中国人。

一、回答问题

1. A上当了吗？是怎么回事？
2. B怎么安慰她？
3. A觉得当时她应该怎么做？
4. 你看到乞丐会给他钱吗？为什么？
5. 你觉得什么样的人容易上当？

二、用所给的关键词语复述课文

郁闷　上当　怎么回事　路口　乞丐　可怜　想开点儿　说不定　我敢说　当时……就好了

三、用所给的关键词语做练习

担心　抱歉　好奇　执着　怀疑　粗心　恍然大悟　原来　装作……的样子　建议　没想到　我敢说　想开点儿　当时……就好了

1. 对话练习：你的朋友很郁闷，她今天被人骗了一百块钱，请你来安慰她。

③ 真后悔

一天，我接孩子回家，一个陌生的男孩儿突然拦住了我们，我注意到他好像很难过，就好奇地停下来听他说。原来他爸爸在这里打工，他上中学。两个月以前他爸爸突然病了，不能赚钱了，他也不能上学了。

我很感动，想把钱包里的100块钱拿出来给他。可是，我一下子想到了朋友上当受骗的故事，我怀疑男孩儿也是骗子，就装作很着急的样子走了。我看到男孩儿的脸红红的，很尴尬。几个星期以后，我又见到了那个孩子，当时他正在朋友家里教朋友的孩子读书。我恍然大悟，这个男孩儿不是想让我给他钱，而是想找一个自己赚钱的办法。我后悔极了①，我伤害了一颗金子般的心。

①我后悔极了
I'm very regretful.
表示后悔。
■我骗了妈妈，我后悔极了。

一、回答问题

1. 我为什么停下来听男孩儿说话？

2. 男孩儿为什么不能上学了？

3. 我为什么没有给男孩儿钱？

4. 我走了，男孩儿觉得怎么样？

5. 男孩儿赚钱的办法是什么？

6. 男孩儿那天是想问我要钱吗？他想做什么？他是不是骗子？

7. 为什么说"伤害了一颗金子般的心"？

8. 假如你是故事中的"我"，你会怎么做？为什么？

二、用所给的关键词语复述课文

陌生　突然　拦　注意　好奇　原来　赚钱　感动　上当　受骗　怀疑
装作……的样子　尴尬　恍然大悟　我后悔极了

三、用所给的关键词语做练习

担心　抱歉　好奇　执着　怀疑　粗心　恍然大悟　原来　装作……的样子
建议　没想到　我敢说　想开点儿　当时……就好了　我后悔极了

1. 对话练习：把这个故事变成对话，然后分角色表演。

2. 对话练习：假如你是故事中的"我"，你会怎么做？请分角色表演。

听力练习

一、听后判断正误

1. 我想买一条裙子。

2. 我花了180块钱。

3. 我觉得自己买了便宜东西。

4. 朋友告诉我我上当了。

5. 我觉得我讲价的方法不错。

第三单元 个人经历
第十课 上当

二、听后回答问题

1. 我最后花了多少钱买裤子？
2. 为什么刚买完裤子的时候我很高兴？
3. 朋友告诉我什么？
4. 我为什么觉得自己很傻？

三、听后填空

1. 我忘不了第一次_____的经历。
2. 我当时很高兴，以为自己买了_____东西。
3. 后来，我_____，同时也觉得自己很傻。
4. 现在我还不太_____讲价。

四、听后复述短文

功能点练习

用所给的功能点完成对话

当时……就好了　想开点儿　我敢说　我后悔极了　怎么回事

1. A：_____，一定是那个人偷了我的钱包，我太粗心了。

   B：是啊，_____，钱包也不会丢了。不过，_____，钱没了可以再挣。

2. A：下次买东西要小心，不要再买到假货了。

   B：是啊，想起来这次上当的事，_____。

3. A：你的脸这么红，_____？

   B：我的钱包丢了，急死了。

交际活动

问问你的朋友，他们觉得什么样的人最容易上当，老人？年轻人？富人？穷人？聪明人？外国人？为什么？然后在课堂上报告你的调查结果。

第十一课
在国外的经历

热 身

1. 你有过在国外的生活经历吗？

2. 国外生活中什么给你留下了深刻的印象？

3. 你在外国闹过笑话吗？

第三单元　个人经历
第十一课　在国外的经历

① 老外对中国朋友讲自己闹的笑话

A：你好像不太高兴，有什么事吗？

B：我昨天去女朋友家过年，闹了笑话①。

A：怎么回事儿？

B：我送了他父母两个红包。

A：哎呀②，在中国，红包一般都是长辈③送给晚辈④的，过年的时候应该给小孩儿压岁钱⑤。

B：是啊，我昨天才知道，当时我脸都红了，真不好意思。

①闹笑话 nào xiàohua
make a foolish figure

②哎呀 āiyā
It's used to express a feeling of surprise.
表示吃惊。
■哎呀，你怎么穿了一件这么奇怪的衣服？

③长辈 zhǎngbèi
senior generation

④晚辈 wǎnbèi
the younger generation

⑤压岁钱 yāsuìqián
lucky money given to children as a lunar new year gift

一、回答问题

1. B高兴吗？发生了什么事情？
2. B为什么不应该那样做？
3. 关于中国的春节，你还知道什么庆祝方式？
4. 在你的国家有送红包的习俗吗？
5. 在你的国家最重要的节日是什么？你们送什么礼物？
6. 来中国以后，你觉得中国和你的国家有哪些不同的地方？你闹过笑话吗？

二、用所给的关键词语复述课文

闹笑话　怎么回事　红包　哎呀　长辈　晚辈　压岁钱

三、用所给的关键词语做练习

闹笑话　文化　习惯　麻烦　拼命　感谢　恐怕　碰到　只能　出洋相
连忙　来得/不及　没想到　糟糕　不好意思　哎呀

1. 讨论：你愿意找一个外国女朋友或者男朋友吗？为什么？

75

① 我的意思是说
I mean...
表示解释。
■ 你吃饭了吗？我的意思是说，我想请你吃饭。

② 这有什么？
"Why does it matter?" It indicates that one doesn't mind.
表示不在乎。
■ A：我的男朋友说要跟我分手。
B：这有什么？再找一个。

③ 没关系
It doesn't matter.
表示不在乎。
■ A：明天要考试，早点儿睡吧。
B：没关系。

② 一位美国教师业余在加油站打工，遇到了他的中国朋友

中国人：哎呀，真让人难以相信，你是老师，怎么会在这里打工？

美国人：这个加油站离我家很近，多方便啊！

中国人：我的意思是说①，老师不应该做这种工作。

美国人：这有什么②？这是我自己的事情。

中国人：去餐馆端盘子也没关系吗？

美国人：当然，要是能去中国餐馆端盘子，还能练习中文呢。

中国人：工作时遇到学生和家长，恐怕会不好意思吧？

美国人：没关系③，就像遇到朋友一样，大家都会很高兴。

一、回答问题

1. 美国人在哪里打工？他为什么在那儿打工？
2. 中国人觉得美国人在那里打工怎么样？为什么？
3. 美国人觉得怎么样？为什么？
4. 美国人觉得去餐馆端盘子的工作怎么样？中国人的看法呢？
5. 对不同的工作，中国人和美国人的看法有什么不同？
6. 你在大学打工吗？做什么工作？为什么做这个工作？
7. 如果让你去学校附近的餐馆打工，你愿意吗？为什么？
8. 你希望以后做什么工作，为什么？

二、用所给的关键词语复述课文

真让人难以相信　方便　我的意思是说　这有什么　端盘子　没关系　恐怕

三、用所给的关键词语做练习

不好意思　打工　一路上　餐馆　恐怕　来不及　端盘子　没关系　连忙
恐怕　这有什么　我的意思是说　真让人难以相信　哎呀

1. 对话练习：一位美国老师在饭馆端盘子，他的中国学生和家人来这里吃饭，他们会说什么？
2. 你的朋友想在美国找一份兼职工作（part-time job），他的英语不错，你会给他推荐什么样的工作？为什么？

③ 老外谈他在中国的生活

我们现在正在享受一种天堂般的生活，每天有钟点工①来做家务②，住着漂亮的大房子，只要需要就雇一个司机给你服务一整天，想要什么打个电话就会送上门来，要是孩子们已经习惯了这样的生活，该怎么办啊？

①钟点工 zhōngdiǎngōng
hourly worker

②家务 jiāwù
housework

一、回答问题

1. 这个老外觉得他们在中国的生活过得好吗？请具体说一下他在中国的生活。
2. 他在享受怎么样的生活？他用了一个什么词形容这样的生活？
3. 他担心什么？
4. 你觉得他需要担心吗？为什么？
5. 你现在的生活是什么样的？比在国内的好吗？

二、用所给的关键词语复述课文

享受　天堂　钟点工　家务　雇　要是……,该怎么办啊　习惯

三、用所给的关键词语做练习

享受　钟点工　做家务　雇　司机　拼命　感谢　赚钱　收入　生活费　机会　真让人难以相信　我的意思是说　这有什么　没关系　哎呀

1. 对话练习：你的朋友打算毕业以后来中国工作和生活，因为他觉得在中国更好挣钱，生活也更舒服。你赞成他的想法吗？你会对他说什么？

听力练习

一、听后判断正误

1. 短文里说的是我在英国工作时发生的事情。
2. 我的公司买了很多手表，准备给中国人送礼物。
3. 我告诉公司送这个礼物是个错误。
4. 在中国，送闹钟的意思不好。
5. 公司没有时间换别的礼物了。

二、听后回答问题

1. 我的公司准备了什么东西？为什么准备这些东西？
2. 为什么不能给中国人送钟表？
3. 公司同意我的意见吗？

三、听后填空

1. 听说这件事以后，我立即____公司送钟表是个错误。
2. 时间还____，公司____买来了别的礼物。

四、听后复述短文

功能点练习

用所给的功能点完成对话

哎呀　我的意思是说　这有什么

1. A：不好意思，出洋相了。

   B：_____？谁都可能出洋相。

2. A：_____，这是什么？

   B：你的书包，不认识了？

   A：不是，_____，书包里是什么？怎么这么难闻？

交际活动

请你采访你的同学，问问他们在国外生活得怎么样，国外的生活和国内有什么不同，他们喜不喜欢在国外生活。然后在课堂上报告你的调查结果。

第十二课
出洋相

热身

1. 你出过洋相吗?
2. 你因为什么出了洋相?
3. 你害怕出洋相吗?

① 跟朋友谈论自己出的洋相

A：昨天我出了大洋相。

B：怎么回事？

A：我从美国回来，特意给朋友的孩子买了一套可爱的西服，衣服的样子在国内很少见。

B：孩子一定很高兴吧？

A：是啊，他兴奋极了，马上就穿上给我们看，腰板挺得直直的，扣上扣子，站在镜子前，帅极了。

B：多好啊，你怎么就①出洋相了？

A：这孩子刚学了一些英文，看见商标就兴奋地大声念Made in China。

B：我明白了②。

①怎么就……了
"How come...?"
It expresses one's feeling of oddness.
表示奇怪。
■A：我今天被妈妈批评了。
B：今天你没做什么坏事，怎么就被妈妈批评了？

②明白了
"I see." It indicates that one just realize something.
表示顿悟。
■顺着他的眼光，我看到我的大衣上晃来晃去的商标，我明白了，原来我出洋相了。

一、回答问题

1. A给朋友的孩子买了什么？
2. 孩子喜欢这个礼物吗？你怎么知道他喜欢？
3. A为什么说自己出洋相了？你觉得她出了洋相吗？
4. 你用过中国货吗？你对中国货有什么印象？
5. 如果没有了中国货，你的生活会有什么改变？
6. 你有没有送别人礼物却出了洋相的事情？

二、用所给的关键词语复述课文

出洋相　怎么回事　西服　一定……吧　兴奋　镜子　腰板　扣扣子　帅　怎么就……了　明白了

三、用所给的关键词语做练习

中国货　中国制造　到处　西服　镜子　扣子　商标　价签　兴奋
吸引　注意　穿　脱　特意　果然　要……有……　v.+上
不好意思　出洋相　闹笑话　怎么就……了　明白了

1. 你的中国朋友想知道在美国卖的中国货是怎么样的。请你告诉他你眼中的中国货。
2. 请跟朋友讲讲你送礼物出洋相的故事。

② 讲述自己穿衣服出洋相的故事

①正式 zhèngshì
formal

②真不该……
I shouldn't...
表示后悔。
■今天真不该睡懒觉。

③随便 suíbiàn
casual, informal

　　有一次在国外，朋友请我去参加音乐会。我特意穿了一套正式①的西服，配上新买的皮鞋。到了他家，我一看，糟糕，真不该②穿西服！其他人都穿得很随便③，我穿着西服非常显眼，奇怪极了。后来，我明白了，原来这天要在一个运动场看演出，大家都坐在草地上，所以不用穿西服。我真出了大洋相！

一、回答问题

1. 朋友请他做什么？
2. 他穿了什么衣服去？为什么？
3. 为什么他的衣服很显眼？他后悔（regret）吗？
4. 那天需要穿西服吗？为什么？
5. 你觉得他出洋相是谁的错？
6. 你有没有过因为穿衣服不合适而出洋相的故事？

二、用所给的关键词语复述课文

音乐会　特意　配上　糟糕　真不该……　随便　显眼　原来

三、用所给的关键词语做练习

出洋相　合适　随便　正式　西服　牛仔裤　恤　配　运动场　音乐会
糟糕　显眼　特意　吸引　注意　要……有……　v.+上　真不该……
明白了　怎么就……了

1. 谈谈在你的国家，什么场合（ocassion）应该穿什么衣服。

③ 留学生跟中国朋友谈论自己学汉语时出的洋相

留学生：在北京学汉语的时候，我常常出洋相。

中国人：是吗？

留学生：有一次我去超市，想买一个杯子，没找到，就问售货员，没想到她给我找来了被子。

中国人：哈哈，是你的声调①错了。

留学生：还有，我常常分不清"菠萝②"和"萝卜③"，去水果店里我说要买"萝卜"的时候，售货员总是用奇怪的眼光看我。

中国人：我明白了，其实你想买菠萝。

留学生：对啊，真不好意思。

中国人：没什么④，对外国人来说，中文真的很难。而且，出了洋相以后，现在你一定都记住了这些词吧？所以，别怕出洋相。

①声调 shēngdiào
tone

②菠萝 bōluó
pineapple

③萝卜 luóbo
radish

④没什么
Never mind.
表示安慰。
■A：我真难过，他们都听不懂我说的中文。
B：没什么，慢慢就好了。

一、回答问题

1. 这个留学生在超市出过什么洋相？
2. 他在水果店出过什么洋相？
3. 他为什么出了洋相？
4. 中国人为什么告诉他别怕出洋相？
5. 你学外语的时候出过洋相吗？
6. 你怕出洋相吗？为什么？

二、用所给的关键词语复述课文

学汉语　出洋相　超市　没想到　杯子　被子　声调　菠萝　萝卜　眼光　不好意思　没什么

三、用所给的关键词语做练习

怕　出洋相　不好意思　超市　奇怪　眼光　吸引　注意　要……有……　果然　跟你一样,我也……　没想到　怎么就……了　没什么　明白了　真不该……

1. 对话练习：你学习外语的时候有没有出洋相的经历？你怕出洋相吗？跟朋友谈谈吧。

听力练习

一、听后判断正误

1. 帅哥穿着一条西裤。
2. 帅哥很有风度。
3. 我很羡慕帅哥，特意多看了看他。
4. 帅哥的衣服上有商标和价签，他出了洋相。
5. 看到帅哥出洋相，我大声地笑。

二、听后回答问题

1. 昨天我看到一个什么样的人？
2. 我为什么特意又看了看他？
3. 我看帅哥的时候，他觉得不好意思吗？
4. 我看到帅哥出了洋相以后做了什么？

三、听后复述短文

功能点练习

用所给的功能点完成对话

怎么就……了　明白了　真不该……　没什么

1. A：哎呀，难吃死了！

   B：这么好的饭，_____？

   A：嗯，_____，没放盐。

2. A：这衣服真难看，_____，气死了！

   B：_____，不喜欢就别穿了，别生气。

交际活动

1. 请你讲讲自己出洋相的一件事情。
2. 请你从网上搜集别人出洋相的照片或者视频，然后在课堂上向同学们展示，并说明当时的情况。

单元总结

害怕

1. 吓+(补语)

突然,我看不到妈妈了,我一下子吓傻了。(第九课)

吃惊

1. 真让人难以相信

真让人难以相信!我的旁边就是张曼玉!(第九课)

2. 哎呀

B:我送了他父母两个红包。

A:哎呀,在中国,红包一般都是长辈送给晚辈的,过年的时候应该给小孩儿压岁钱。(第十一课)

道歉

1. 真不好意思

我对朋友们说:"真不好意思,请等我一下。"(第九课)

后悔

1. 当时……就好了

我打开包装才发现原来是假货,气死了!当时小心点儿就好了。(第十课)

2. 我后悔极了

我后悔极了,我伤害了一颗金子般的心。(第十课)

3. 真不该……

糟糕,真不该穿西服!其他人都穿得很随便,我穿着西服非常显眼,奇怪极了。(第十二课)

安慰

1. 想开点儿

A：今天我在路口看到一个乞丐，我看他很可怜，就给了他二十块钱。我回家以后才想起来，以前在别的地方也见过他做同样的事。

B：别生气，想开点儿。说不定他真的需要帮助呢！（第十课）

2. 没什么

留学生：对啊，真不好意思。

中国人：没什么，对外国人来说中文真的很难。（第十二课）

有把握

1. 我敢说

我敢说，他一定是骗子。当时我要是不那么粗心就好了。（第十课）

奇怪

1. 怎么回事儿

A：真郁闷，上当了！

B：怎么回事儿？（第十课）

2. 怎么就……了

A：是啊，他兴奋极了，马上就穿上给我们看，腰板挺得直直的，扣上扣子，站在镜子前，帅极了。

B：多好啊，你怎么就出洋相了？（第十二课）

解释

1. 我的意思是说

中国人：哎呀，真让人难以相信，你是老师，怎么会在这里打工？

美国人：这个加油站离我家很近，多方便啊！

中国人：我的意思是说，老师不应该做这种工作。（第十一课）

87

不在乎

1. 没关系

中国人：工作时遇到学生和家长，恐怕会不好意思吧？

美国人：没关系，就像遇到朋友一样，大家都会很高兴。（第十一课）

2. 这有什么

中国人：我的意思是说，老师不应该做这种工作。

美国人：这有什么？这是我自己的事情。（第十一课）

顿悟

1. 明白了

A：这孩子刚学了一些英文，看见商标就兴奋地大声念Made in China。

B：我明白了。（第十二课）

第四单元

人际交往

第四单元学习目标

　　本单元讨论网络与隐私、礼尚往来、入乡随俗、中西文化风俗的差异等人际交往相关的话题。

　　第十三课，要求运用所学词语和功能点，学会说明个人对隐私问题的看法，能够描述新的科技对人的隐私的影响，说明网络对生活的影响，并能听懂有关隐私的话题。

　　第十四课，要求运用所学词语和功能点，学会说明某些社会交往中的基本礼节，学会如何为别人选择、赠送礼品，说明对礼尚往来的看法，并能听懂有关送礼物的话题。

　　第十五课，要求运用所学词语和功能点，能够简单说明并评价某种风俗习惯，说明对入乡随俗的看法，并能听懂有关入乡随俗的话题。

　　第十六课，要求运用所学词语和功能点，学会比较和说明不同地区、不同民族的风俗习惯，并能听懂有关中西文化风俗的差异的话题。

第四单元 人际交往
第十三课 网络与隐私

第十三课
网络与隐私

热　身

1. 什么是你的隐私？
   你觉得现在你还有隐私吗？为什么？
2. 你用网络做什么？
   网络对人的隐私有影响吗？

① 留学生看到中国小孩子的裤子，非常奇怪

留学生：哎呀，那个孩子的裤子坏了！

中国人：什么呀①，孩子的裤子就是那样的，根本没问题。

留学生：真的吗②？连陌生人都可以看到小孩子的屁股，多不好意思啊！

中国人：这有什么？小孩子的屁股看看也没关系。

留学生：我的意思是说，屁股是人的隐私，不能让别人看。

中国人：中国人不觉得小孩子的屁股是隐私。

留学生：连屁股都不是隐私，中国人觉得什么是隐私呢？

①什么呀
It's used to correct other's comments.
表示纠正别人的说法。
■A:你看,他妻子多漂亮。
　B:什么呀,那是他女朋友。

②真的吗
"really?" It expresses surprise.
表示意外。
■A:他才二十多岁,已经赚了很多钱了。
　B:真的吗?

一、回答问题

1. 那个孩子的裤子坏了吗？
2. 留学生觉得奇怪吗？为什么？
3. 中国人有什么看法？为什么？
4. 你觉得小孩子的屁股是隐私吗？为什么？
5. 你觉得什么是隐私？

二、用所给的关键词语复述课文

哎呀　什么呀　根本　真的吗　陌生　连……都……　屁股　这有什么　我的意思是说

第四单元　人际交往
第十三课　网络与隐私

三、用所给的关键词语做练习

什么呀　根本　真的吗　连……都……　屁股　这有什么　我的意思是说
隐私　详细　肯定　透明　一瞬间　互联网　批评　根据　调查　总之
正常　单位　v.+出来　可怕

1. 请谈谈你认为什么是隐私，应该怎样保护自己的隐私？

② 几个人在议论一种新型的手机

年轻人：听说现在有一种可以定位①的手机，用它就可以知道你想找的人在哪里。

妈　妈：太棒了！可以给孩子买一个，就不用担心他的安全了，连他是不是去上课了都可以知道。

老　板：是啊，有了这种手机，就可以知道公司职员的行踪②了。

妻　子：我也不用担心老公总在外边不回家了。

年轻人：总之，我们想知道谁的行踪，都可以用手机把他找出来。

老　板：这样一来③，大家都变成透明人了。

妻　子：对啊，我们连隐私也没有了。

年轻人：就算④没有这种手机，你觉得现在还有隐私吗？

①定位 dìngwèi
to locate

②行踪 xíngzōng
whereabouts, track

③这样一来
"If so, ..." It expresses inference.
表示推断。
■学中文的人越来越多，这样一来，中文老师很好找工作。

④就算 jiùsuàn
even if

一、回答问题

1. 可以定位的手机有什么特点？
2. 妈妈为什么想给孩子买这种手机？
3. 老板为什么喜欢这种手机？
4. 妻子为什么喜欢这种手机？
5. 假如大家都用这种手机，会怎么样？
6. 你喜欢这种手机吗？为什么？
7. 什么是你的隐私？
8. 别人可以通过什么知道你的隐私？
9. 你觉得网络、手机对你的隐私有影响吗？
10. 我们应该如何保护自己的隐私？

二、用所给的关键词语复述课文

定位　连……都……　行踪　担心　总之　揪　v.+出来　这样一来
隐私　透明　就算

三、用所给的关键词语做练习

隐私　定位　详细　肯定　透明　根本　一瞬间　互联网　批评　根据　调查　总之　正常　单位　连……都……　v.+出来　可怕　行踪　就算　什么呀　真的吗　这样一来

1. 对话练习：你要送女朋友/男朋友一个可以定位的手机，你们会说什么？
2. 你的朋友说现代科技让他没有了隐私，你同意他的看法吗？

---

①听说了吗
Have you heard of that?
引起话题。
■A:听说了吗？现在很多人出国留学。
B:我们邻居的孩子就在美国呢。

3 两位母亲对孩子上网的问题非常担忧

A：听说了吗①？现在有一些中学生天天玩网络游戏，不上学，甚至连饭都不吃，觉都不睡，真让人担心。

第四单元　人际交往
第十三课　网络与隐私

B：是啊，还有一些网站，一打开都是色情图片，要是孩子看到这些丑恶的内容，该怎么办啊！

A：太不像话了！我听说还有一些人利用网络犯罪呢。

B：你没有听错吧②？怎么利用网络犯罪呢？

A：听说有人在网上能找到别人的身份证号码、信用卡号码、密码等等，然后偷走那个人的钱。

B：真的吗？太可怕了！

A：这样一来，真的应该了解清楚孩子上网时做了什么。

B：没错。对了，我们应该建议学校开③一门课，教育孩子怎么正确利用网络。

②你没有听错吧
Didn't you get it wrong?
对别人转述的话表示怀疑。
A：听说昨天她被人骗了两万块钱。
B：你没有听错吧？两万块钱？

③开 kāi
offer (a course in a school)

一、回答问题

1. A听说了什么？
2. B担心什么？
3. 怎么利用网络犯罪？
4. 她们有什么建议？
5. 你觉得上网的时候应该注意什么？
6. 教孩子怎么利用网络是父母的责任还是学校的责任？

二、用所给的关键词语复述课文

听说了吗　连……都……　担心　丑恶　要是……,该怎么办　不像话　犯罪　你没听错吧　号码　密码　真的吗　开课

三、用所给的关键词语做练习

隐私　详细　肯定　透明　根本　一瞬间　互联网　批评　根据　调查
总之　正常　连……都……　可怕　行踪　就算　方便　便宜　浪费
犯罪　丑恶　真的吗　你没听错吧　听说了吗　什么呀　这样一来

1. 对话练习：你的同屋很喜欢上网，他常常一天都在上网，不和你说话。你会对他说什么？

2. 对话练习：你的孩子是中学生，他的学校要开网络道德课，老师打电话问家长的意见。你们会说什么？

听力练习

一、听后判断正误

1. 最近给男的家里打电话的人很少。
2. 给男的家里打电话的人都是他的朋友。
3. 男的家的电话号码是他自己告诉别人的。
4. 人们给男的家里打电话，对他的生活没有影响。

二、听后回答问题

1. 是谁给男的家里打电话？
2. 他们怎么知道男的家里的电话号码？
3. 男的讨厌人们给他家打电话吗？为什么？

三、听后复述短文

第四单元　人际交往
第十三课　网络与隐私

功能点练习

用所给的功能点完成对话

什么呀　真的吗　这样一来　听说了吗　你没有听错吧

1. A：_____？他赚了一百万美元！

   B：_____？是人民币还是美元？

   A：没错儿，是美元。_____，在美国他也是百万富翁了。

2. A：听说你赚了一百万美元。

   B：_____？不是我，是我的朋友。

   A：_____？我们还以为你发财了呢！

交际活动

1. 分别采访几个中国人和美国人，问问他们哪些是隐私，然后比较一下中国人和美国人对隐私的看法有什么不同。

2. 辩论：是否应该在中小学开设网络道德课？

第十四课
礼尚往来
——送礼物

热身

1. 你常常送朋友、家人礼物吗?
2. 怎么选择合适的礼物?
3. 送礼物、收礼物有没有烦恼?

第四单元　人际交往
第十四课　礼尚往来

① A是留学生，第一次去中国女朋友家，不知带什么礼物

A：这个周末我要去女朋友家，真不知道给她父母带什么礼物去。郁闷！

B：别担心①，我帮你想想……，鲜花怎么样？

A：其实我想过送鲜花，但是我女朋友觉得不好。

B：对了，你知道他们有什么爱好吗？

A：噢，想起来了，老两口儿都喜欢邮票，尤其是有特色的邮票。

B：你就送你们国家的邮票年册②，他们绝对会喜欢。

A：好主意③！

①别担心
Don't worry.
表示安慰。
■A：这么晚了，孩子还没回来。
　B：别担心，没事儿的。

②邮票年册
　yóupiào niáncè
annual stamp album

③好主意！
Good idea!
表示赞成。
■A：圣诞节送给妈妈一件漂亮的衣服怎么样？
　B：好主意！

一、回答问题

1. A为什么觉得郁闷？
2. A为什么不送鲜花？
3. 他最后决定送什么？为什么？
4. 你去女朋友或者男朋友家时会送什么礼物？
5. 在你的国家有什么礼物是不能送的，为什么？

二、用所给的关键词语复述课文

郁闷　别担心　其实　对了　爱好　想起来了　特色　邮票　绝对　好主意

三、用所给的关键词语做练习

互相 送礼 千万 其实 咱们 还 鲜花 特别 爱好 咖啡 茶 画 钟 伞 客气 郁闷 吉利 别担心 好主意

1. 对话练习：你的中国朋友邀请你去他家吃饭，应该送什么礼物呢？问问你的同学。

② 面对房间里小山一样的礼物，老两口聊着天

①可惜 kěxī
pity

②话不能这么说
"It's not like that." It's used to correct other's comments.
表示纠正别人的说法。
- A：我觉得男孩比女孩聪明。
- B：话不能这么说。男孩、女孩都有聪明的，也都有笨的。

妻子：这么多东西啊！

丈夫：哎呀，有的水果已经坏了，得扔了，挺可惜①的。

妻子：每年都是这些东西，都是这些人，其实就是互相换礼品，挺麻烦的。

丈夫：话不能这么说②，要是过年过节没有人来送礼，你一定郁闷好几天。

妻子：对啊，礼尚往来嘛。其实过来聊聊天儿就是最好的礼物，可是现在不少人放下礼物就走，连说话的时间都没有。

一、回答问题

1. 他家收的礼物多吗？
2. 他们觉得这样好吗？为什么？
3. 如果没有人送礼他们会开心吗？为什么？
4. 他们最喜欢的"礼物"是什么？
5. 过节互相送礼有什么好处？有什么缺点？

第四单元　人际交往
第十四课　礼尚往来

6. 你常常送别人礼物吗？你更喜欢送礼物还是收礼物？

7. 如果你的朋友送你一件礼物，你会不会回送他一件？

二、用所给的关键词语复述课文

哎呀　可惜　互相　换　礼品　千万　话不能这么说　礼尚往来
连……也……

三、用所给的关键词语做练习

礼物　礼尚往来　麻烦　烦恼　郁闷　其实　可惜　互相　千万　爱好
垃圾　扔　话不能这么说　好主意　别担心

1. 你的朋友觉得最好的礼物是直接给钱，因为对方拿到钱可以买任何他喜欢的东西。你同意这种观点吗？为什么？

2. 对话练习：你曾经有过关于礼物的烦恼吗？为什么会烦恼？跟你的朋友谈谈吧。

③ 收到朋友的结婚请柬，夫妻俩在抱怨

妻子：你看看①，这已经是第三张罚单②了。

丈夫：什么罚单？这是结婚请柬③嘛。

妻子：参加婚礼，得准备礼物吧。咱们收入本来就不高，这个月有三个婚礼，每一张请柬不就像一张罚单吗？

丈夫：是啊，现在送礼越送越多，真像罚单一样。

妻子：没办法，礼尚往来啊！

①你看看+(抱怨的事)
"Look..." It's used to complain.
表示抱怨。
■你看看，他的作业写得乱七八糟的。

②罚单 fádān
fining ticket

③请柬 qǐngjiǎn
invitation

一、回答问题

1. 他们真的接到罚单了吗？他们接到的是什么？

2. 他们为什么说接到了罚单？

3. 接到了"罚单"可以不送礼吗？为什么？

4. 在你的国家，一般来说，婚礼的礼物有什么讲究？

5. 别人送你礼物，你一定要回送她吗？怎么选择回送的礼物？

6. 你会选择你买不起的礼物吗？

二、用所给的关键词语复述课文

你看看　罚单　请柬　越送越多　没办法　礼尚往来

三、用所给的关键词语做练习

礼物　礼尚往来　千万　其实　烦恼　贵重　金额　收入　还　爱好　郁闷　垃圾　扔　感情　话不能这么说　别担心　你看看+(抱怨的事)　好主意

1. 对话练习：你的同学很有钱，他送给你了一件贵重的礼物，你会回送他礼物吗？什么礼物比较好呢？跟你的好朋友商量一下吧。

听力练习

一、听后判断正误

1. 同事要结婚，男的很高兴。

2. 男的结婚的时候，这个同事送他200块钱礼金。

3. 男的也打算送这个同事200块钱。

4. 男的老婆同意他多送点钱。

5. 男的怕老婆。

二、听后回答问题

1. 男的为什么郁闷？

2. 男的为什么不想只给同事送200块钱礼金？

3. 男的为什么不能多给同事送点钱？

4. 女的为什么说男的是妻管严？

三、听后复述短文

第四单元 人际交往
第十四课 礼尚往来

功能点练习

用所给的功能点完成对话

别担心　好主意　话不能这么说　你看看+(抱怨的事)

1. A：_____，屋子里乱七八糟的，真懒！

   B：_____，他别的事情做得挺多的，实在没时间打扫卫生。

   A：我们帮他打扫打扫吧。

   B：_____，不过我有点事儿，你来吧。

2. 妈妈：今天吃药了吗？

   女儿：吃了，现在好多了，_____。

交际活动

1. 问问你的朋友，他们收到的最好的礼物是什么？为什么是最好的？然后在课堂上报告你的调查结果。

2. 分别采访3个中国人和你的同学，问问他们对"礼尚往来"有什么看法，并比较他们的看法有什么异同。然后在课堂上报告你的调查结果。

第十五课
入乡随俗

热 身

1. 你吃过北京的肯德基、麦当劳吗？跟你们国家的一样吗？

2. 你去外国旅行的时候，需要了解当地的风俗吗？

3. 你知道中国的什么风俗习惯？

第四单元　人际交往
第十五课　入乡随俗

① 两个中国人去美国朋友家做客

A：哎呀，这么干净的地毯①，不需要换鞋吗？

B：是啊，鞋子有点儿脏，不换鞋就进去，地毯不脏才怪呢！

A：你说出了我的心里话②。在国内我们习惯了一回家就换鞋，不换鞋真有点儿不习惯。

B：你看，他们都没有换鞋，也许这是美国人的习惯吧。

A：咱们就入乡随俗吧。

B：好吧，就听你的。

①地毯 dìtǎn
carpet

②你说出了我的心里话
It's just what I want to say.
表示赞同别人的看法。
■A：晚上出去吃饭吧。
　B：你说出了我的心里话，我正不想做饭呢。

一、回答问题

1. A和B在议论什么？
2. 他们为什么觉得需要换鞋？
3. 美国人习惯回家就换鞋吗？
4. A和B决定怎么办？
5. 在你的国家，回家或者去别人家，需要换鞋吗？

二、用所给的关键词语复述课文

干净　地毯　换鞋　脏　不……才怪呢　你说出了我的心里话　习惯
入乡随俗

三、用所给的关键词语做练习

入乡随俗　理解　好心　尝试　不……才怪呢　在……看来　啊　仔细
适应　当地　秘密　习惯　你说出了我的心里话

1. 对话练习：美国朋友第一次来你家，你会让他们换鞋以后再进去吗？你们会说什么？

105

② 两个朋友谈论肯德基入乡随俗

A：昨天吃了肯德基的老北京鸡肉卷，脆脆的、嫩嫩的、有点儿酸，还有一点儿辣，好吃极了，像地道的中国美味。

B：听说这是为了适应中国顾客的口味专门设计的，不好吃才怪呢。

A：现在很多洋快餐在中国都已经本地化了，很受顾客欢迎。

B：在很多人看来，这就是洋快餐成功的秘密。

A：对了，听说香港迪斯尼的米老鼠也穿上了中式衣服，跳起了中国舞蹈。

B：这就是入乡随俗啊！唉，这事一会儿再说，先说说①中午吃什么吧。

①这事一会儿再说，先说说（另一话题）
"Let's put it aside for the moment…" It's used to change a topic.
改变话题。
■A：今天家里上不了网。
　B：这事一会儿再说，先说说晚上吃什么吧。

一、回答问题

1. A昨天吃了什么？他觉得味道怎么样？他吃的是中国美味吗？
2. 为什么洋快餐在中国很成功？
3. 迪斯尼到中国以后发生了什么变化？这种变化叫做什么？
4. 北京的麦当劳、肯德基、必胜客跟你的国家的一样吗？你喜欢中国的还是你的国家的？
5. 你还发现哪些外国的东西到了中国以后发生了变化？
6. 在你的国家你吃过中餐吗？跟你在中国吃的一样吗？哪个好吃？
7. 在你的国家有什么中国的东西已经本地化了？为什么？

二、用所给的关键词语复述课文

脆脆的　嫩嫩的　地道　适应　专门　设计　不……才怪呢　在……看来　顾客　成功　秘密　入乡随俗　这事一会儿再说,先说说(另一话题)

三、用所给的关键词语做练习

入乡随俗　本地化　适应　当地　顾客　秘密　成功　理解　地道　专门　设计　不……才怪呢　在……看来　这事一会儿再说,先说说(另一话题)　唐装　旗袍　你说出了我的心里话

1. 对话练习:你和朋友去肯德基吃早餐,你们发现肯德基有了油条,这在美国是没有的。你们会说什么?

2. 对话练习:你的朋友为了入乡随俗,决定去做一身中式衣服,你会跟他/她一起去吗?你们会说什么?

③ 两个朋友谈论出国旅行要入乡随俗

A:出国旅行以前,朋友好心地提醒我,到任何地方,都别忘了①仔仔细细地了解当地的风俗习惯,千万别闹笑话。

B:他说得对极了,在我看来,入乡随俗是对当地人的尊重。

A:是啊,如果不了解当地的风俗习惯,不仅会闹笑话,有时还会惹麻烦②呢!

B:而且旅行就是为了了解不同的文化风俗嘛。

A:没错。可是,入乡随俗,说起来容易,做起来难啊!

B:让习惯了用筷子的中国人用刀叉不难才怪呢!

①别忘了
Don't forget...
表示提醒。
■晚上睡觉前别忘了关灯。

②惹麻烦 rě máfan
make trouble

一、回答问题

1. 朋友提醒A什么？

2. 为什么应该入乡随俗？

3. 入乡随俗容易吗？

4. 让中国人做什么很难？除了这些，你觉得在你的国家，还有哪些风俗对中国人来说很难适应？

5. 你觉得用筷子吃饭容易吗？还有哪些中国风俗对你来说很不容易？

二、用所给的关键词语复述课文

旅行　提醒　别忘了　仔细　当地　风俗习惯　说得对极了　尊重
不……才怪呢　在……看来　惹麻烦　筷子　刀叉

三、用所给的关键词语做练习

入乡随俗　闹笑话　出洋相　尊重　惹麻烦　好心　提醒　旅行　千万
风俗习惯　适应　当地　顾客　设计　急忙　理解　刀叉　筷子
不……才怪呢　在……看来　这事一会儿再说,先说说(另一话题)
别忘了　你说出了我的心里话

1. 对话练习：你和朋友去印度餐厅吃饭，但是没有刀叉和勺子，人们都直接用手吃饭。你们怎么办？你们会说什么？

2. 你去过哪些地方旅行？有什么需要注意的风俗习惯？你的朋友要去美国旅行，你会给她/他什么建议？

听力练习

一、听后判断正误

1. 母亲认为肯德基和麦当劳适合中国人的口味。

2. 母亲觉得洋快餐的面饼和中国面饼一样好吃。

3. 肯德基的饼里只有鸡肉。

4. 很多人喜欢吃洋快餐。

二、听后回答问题

1. 母亲以前认为麦当劳和肯德基怎么样？
2. 吃了以后，母亲觉得洋快餐怎么样？
3. 母亲吃的是麦当劳还是肯德基？
4. 为什么那么多人喜欢吃洋快餐？

三、听后复述短文

功能点练习

用所给的功能点完成对话

你说出了我的心里话　　这事一会儿再说,先说说(另一话题)　　别忘了

1. A：今天晚上有什么安排？

   B：＿＿＿＿＿＿＿＿＿＿晚上吃什么。

   A：你想吃什么？

   B：上海菜怎么样？

   A：＿＿＿＿＿＿＿＿＿＿。

2. 女朋友：今天是情人节，＿＿＿＿＿＿。

   男朋友：放心吧，我知道。

交际活动

1. 采访你的朋友,他们在外国生活遇到了哪些不习惯的事情？现在适应了吗？在课堂上报告你的调查情况。

2. 请你从网上找出5个国家或地区特别的风俗习惯,包括图片和介绍。然后在课堂上展示,并做说明。

第十六课
中西文化风俗

热 身

1. 你在中国生活习惯吗？为什么？

2. 中国人有什么风俗习惯和你的国家不同？

第四单元　人际交往
第十六课　中西文化风俗

① 用刀叉吃鸡翅①

糟糕！怎么用刀叉吃鸡翅？平时我都是用筷子夹到碗里，然后用手拿着吃，可是今天在女朋友家里，好像有点儿不太礼貌。怎么办呢？我郁闷极了。看到旁边的女朋友轻松②地用刀切下来一块肉，然后用叉子放到嘴里，好像很容易，说不定我也没问题，试试吧。哎呀！鸡翅不听话，一下子跳得很高，然后掉到旁边的杯子里了，杯子里的水一下子都洒③到了女朋友漂亮的裙子上。我出洋相了！

①鸡翅 jīchì
chicken wing

②轻松 qīngsōng
easily

③洒 sǎ
spill

一、回答问题

1. 故事里的"我"也许是哪国人？女朋友呢？为什么？
2. "我"去女朋友家里吃什么？"我"以前怎么吃？
3. 用刀叉吃鸡翅容易吗？
4. "我"吃鸡翅的时候，发生了什么事？
5. 你觉得他的女朋友会怎么办？
6. 他会不会给女朋友的家人留下不好的印象？为什么？
7. 你会用筷子吗？你用筷子出过洋相吗？

二、用所给的关键词语复述课文

糟糕　刀叉　鸡翅　　怎么办呢　郁闷　轻松　说不定　哎呀　跳　掉　洒　出洋相

三、用所给的关键词语做练习

特点　性格　刚好　相反　聚会　礼物　互相　闹笑话　出洋相　侵犯　然而　越A越B　疑问代词连用

1. 你刚来中国的时候，有什么事情觉得不习惯？为什么？

① （某人）真想……
"I wish I could..."
It expresses one's hope.
表示希望做什么事情。
■我真想再去一次北京。

② 对不起，我实在……
"Sorry, I really..."
It's used to refuse.
表示拒绝。
■A：能不能借给我一些钱？
　B：对不起，我实在没钱了。

② B去朋友家吃饭，朋友的家人不停地劝她多吃

A：尝尝这个，我妈妈的拿手菜。

B：好，好，我自己夹。

A：这个菜也不错，再吃点儿。

B：谢谢，谢谢！我已经吃了很多了。

C：根本没吃多少嘛，再来点儿，再来点儿。

B：我真想①再多吃点儿，可是，对不起，我实在吃不下了②。

一、回答问题

1. A请B做什么？为什么这样做？

2. C请B做什么？B真的吃得很少吗？

3. A和C对B热情吗？B喜欢他们的热情吗？

4. B怎么办？

5. 你被劝过菜吗？别人劝你吃菜你怎么办？

6. 你喜欢被劝菜吗？为什么？

二、用所给的关键词语复述课文

拿手菜　再吃点儿　根本　（某人）真想……　对不起,我实在……

三、用所给的关键词语做练习

亲密　然而　侵犯　自由　权利　吃不下　难受　享受　热情　刚好
相反　越A越B　疑问代词连用　（某人）真想……　对不起,我实在……

1. 表演：你和中国朋友一起吃饭，他们总是劝你多吃点。

2. 如果你邀请中国朋友来你家吃饭，你会怎么表示你的热情？

3 留学生与中国朋友在饭馆吃饭，看到旁边的客人在抢着付钱

A：哎呀，他们怎么能在饭馆打架？
B：你错了①，他们不是打架，而是在抢着付钱。
A：为什么抢着付钱？我们习惯了吃完饭各付各的。
B：中国人刚好相反，亲密的朋友聚会时，大家都会抢着付钱，抢得越厉害表示你对朋友越真诚。
A：是吗？要是你不抢着付钱，别人会怎么想呢？
B：也许会觉得你是个小气鬼②。
A：真的吗？

①你错了
"You are wrong."
It's used to correct other's comments.
表示纠正别人的说法。
A:从纽约到北京最少要二十个小时。
B:你错了，现在只要十几个小时。

②小气鬼 xiǎoqìguǐ
niggard

一、回答问题

1. 真的有人在饭馆打架吗？他们其实在做什么？
2. 美国人一起吃饭以后谁付钱？中国人呢？
3. 如果你不抢着付钱，别人会怎么想？
4. 你觉得抢着付钱是一种好习惯？为什么？
5. 如果你跟朋友一起吃饭，朋友抢着帮你付钱，你怎么想？

二、用所给的关键词语复述课文

怎么能…… 你错了 抢着 付钱 各付各的 刚好 相反 越A越B 真诚 小气鬼

三、用所给的关键词语做练习

抢着　付钱　真诚　小气鬼　各付各的　侵犯　自由　权利　然而
越A越B　疑问代词连用　建议　没想到　你错了　（某人）真想……
对不起,我实在……

1. 如果你是一个小气鬼,你觉得抢着付钱是不是一个好习惯？跟朋友一起聚会的时候,你会怎么做？

听力练习

一、听后判断正误

1. 我和中国朋友去餐馆吃饭。
2. 朋友的家人对我很热情。
3. 吃饭的时候朋友的家人给我夹了很多菜。
4. 朋友的家人给我夹菜,我很高兴。
5. 我吃得很少。

二、听后回答问题

1. 中国朋友的家人对我怎么样？
2. 我喜欢吃什么？
3. 我为什么觉得不好意思？
4. 我为什么一直吃？
5. 现在我的肚子舒服吗？为什么？

三、听后填空

1. 这个周末我去一个中国朋友家,他的家人对我非常_____。
2. 吃饭的时候他们一直让我多吃菜,让我觉得_____。
3. 现在,我的肚子还很_____。

四、听后复述短文

第四单元　人际交往
第十六课　中西文化风俗

功能点练习

用所给的功能点完成对话

(某人)真想……　　你错了　　对不起,我实在……

1. A：听说那个饭馆的菜难吃极了。

   B：＿＿＿＿＿＿,那儿的菜挺好吃的,价钱也不贵。

   A：＿＿＿＿＿＿,你陪我去好不好?

   B：＿＿＿＿＿＿,明天行不行?

交际活动

1. 采访你的朋友,除了课文上提到的,他还知道哪些中西文化和风俗的不同?至少搜集3条资料,在课堂上和大家分享。

2. 邀请几个中国人和你一起吃饭,观察在餐桌上体现出的中西文化的不同,然后在课堂上报告你的观察结果。

单元总结

纠正

1. 什么呀

留学生：哎呀，那个孩子的裤子坏了！

中国人：什么呀，孩子的裤子就是那样的，根本没问题。（第十三课）

2. 话不能这么说

妻子：每年都是这些东西，都是这些人，其实就是互相换礼品，挺麻烦的。

丈夫：话不能这么说，要是过年过节没有人来送礼，你一定郁闷好几天。（第十四课）

3. 你错了

A：哎呀，他们怎么能在饭馆打架？

B：你错了，他们不是打架，而是在抢着付钱。（第十六课）

意外

1. 真的吗

中国人：什么呀，孩子的裤子就是那样的，根本没问题。

留学生：真的吗？连陌生人都可以看到小孩子的屁股，多不好意思啊！（第十三课）

推断

1. 这样一来

年轻人：总之，我们想知道谁的行踪，都可以用手机把他找出来。

老　板：这样一来，大家都变成透明人了。（第十三课）

引起话题

1. 听说了吗

听说了吗？现在有一些中学生天天玩网络游戏，不上学，甚至连饭都不吃，觉都不睡，真让人担心。（第十三课）

第四单元　人际交往
单元总结

怀疑

1. 你没有听错吧

A：太不像话了！我听说还有一些人利用网络犯罪呢。

B：你没有听错吧？怎么利用网络犯罪呢？（第十三课）

安慰

1. 别担心

A：这个周末我要去女朋友家，真不知道给她父母带什么礼物去。郁闷！

B：别担心，我帮你想想……，鲜花怎么样？（第十四课）

同意、赞成

1. 好主意

B：你就送你们国家的邮票年册，他们绝对会喜欢。

A：好主意！（第十四课）

2. 你说出了我的心里话

B：是啊，鞋子有点儿脏，不换鞋就进去，地毯不脏才怪呢！

A：你说出了我的心里话。在国内我们习惯了一回家就换鞋，不换鞋真有点儿不习惯。（第十五课)

抱怨

1. 你看看+(抱怨的事)

你看看，这已经是第三张罚单了。（第十四课）

改变话题

1. 这事一会儿再说，先说说（另一话题）

A：对了，听说香港迪斯尼的米老鼠也穿上了中式衣服，跳起了中国舞蹈。

B：这就是入乡随俗啊！唉，这事一会儿再说，先说说中午吃什么吧。

(第十五课)

提醒

1. 别忘了

出国旅行以前，朋友好心地提醒我，到任何地方，都别忘了仔仔细细地了解当地的风俗习惯，千万别闹笑话。（第十五课）

希望

1. （某人）真想

C：根本没吃多少嘛，再来点儿，再来点儿。

B：我真想再多吃点儿，可是，对不起，我实在吃不下了。（第十六课）

拒绝

1. 对不起，我实在……

我真想再多吃点儿，可是，对不起，我实在吃不下了。（第十六课）

第五单元
爱情婚姻

第五单元学习目标

本单元讨论恋爱方式、择偶标准、现代爱情、门当户对等与爱情、婚姻相关的话题。

第十七课，要求运用所学词语和功能点，能够简单介绍某人的恋爱方式并叙述恋爱过程，说明自己对于不同的恋爱方式的看法，并能听懂有关恋爱方式的话题。

第十八课，要求运用所学词语和功能点，学会简单说明某人的择偶标准，对不同的择偶标准进行简单的评价，并能听懂有关择偶标准的话题。

第十九课，要求运用所学词语和功能点，学会简单说明自己对"爱情、婚姻与金钱的关系"的看法，简单说明自己对网恋、对闪婚的看法，并能听懂有关爱情与金钱的话题。

第二十课，要求运用所学词语和功能点，能够简单说明自己对"门当户对"的看法，并与别人讨论，简单说明自己对婚恋自由的看法，并能听懂有关门当户对的话题。

第五单元 爱情、婚姻
第十七课 一个关于爱情的心理测试

第十七课
一个关于爱情的心理测试
——一见钟情还是日久生情

热身

1. 你相信一见钟情吗?
2. 你希望跟你的恋人是日久生情还是一见钟情?

121

①男朋友要和女朋友分手

①我问你,你是不是……
I want to ask whether you...?
表示质问。
■我问你,你是不是拿走了我的书?

男朋友:咱们分手吧。

女朋友:……为什么?……我问你,你是不是①喜欢她?

男朋友:……是,我爱她。

女朋友:我呢?我们一起同甘共苦了这么多年,一点儿感情都没有吗?

男朋友:怎么会没有呢?日久生情,可是这种感情跟爱情不一样。

②是我不好
It's my fault.
用来承认错误。
■是我不好,不该看你的日记。

女朋友:这种话你也说得出来?

男朋友:……我知道是我不好②,但是没有了惊喜和感动……

一、回答问题

1. 男朋友提出什么要求?为什么?
2. 他和女朋友还有感情吗?这种感情和爱情一样吗?
3. 你觉得他们应该分手吗?为什么?
4. 如果他们分手了,应该批评男朋友吗?
5. 你觉得这个男朋友是一个什么样的人?你喜欢这样的朋友吗?
6. 你觉得什么是爱情?爱情和一般的感情有什么不同?

二、用所给的关键词语复述课文

分手　我问你,你是不是……　同甘共苦　日久生情　是我不好
惊喜　感动

三、用所给的关键词语做练习

爱情　刻骨铭心　感情　日久生情　强调　责任　一见钟情　迷醉　告别　旧　同甘共苦　恋人　放弃　忽然　尽管……但是……　愿意　不断　我问你，你是不是……　是我不好

1. 对话练习：你的朋友有男朋友，但是她在一次聚会上对另一个男人一见钟情，她想和你谈谈，你们会说什么？

② 一见钟情

A：我有男朋友了！

B：我没听错吧？昨天还说没有呢！

A：昨天晚上刚认识的，在酒吧，我们两个一见钟情。

B：太浪漫了！

A：我第一眼看到他，心就不停地跳，我知道这就是我一直期待的爱情。

B：他一定很帅吧？

A：那还用说①！当时，酒吧里的音乐也很美，我一下子就爱上了他。

①那还用说
"Absolutely." It's used to approve or agree.
表示同意、赞成。
■A：你一定很喜欢北京吧？
　B：那还用说！

一、回答问题

1. A是怎么认识男朋友的？
2. 她的男朋友帅不帅？酒吧里的环境怎么样？
3. 她为什么爱上了她的男朋友？
4. 你觉得他们是爱情吗？你觉得他们以后会怎么样？
5. 你听说过一见钟情的故事吗？他们后来怎么样？
6. 你相信一见钟情吗？为什么？

二、用所给的关键词语复述课文

酒吧　一见钟情　浪漫　期待　帅　那还用说　一下子

三、用所给的关键词语做练习

爱情　刻骨铭心　感情　日久生情　强调　责任　一见钟情　迷醉　告别　旧　同甘共苦　恋人　放弃　环境　忽然　尽管……但是……　愿意　不断　那还用说

1. 对话练习：你对同学的妹妹/哥哥一见钟情，你想请你的同学帮忙，你们会说什么？

③ 一对恋人在聊天

女朋友：其实，我看你第一眼的时候没有任何感觉。

男朋友：真的吗？但是，我第一眼看到你的时候，就坚定地认为你是我女朋友了。

女朋友：看样子①，你是对我一见钟情了。我对你却是日久生情，时间久了，才越看越有感觉。

男朋友：你刚看我时，是不是就像干巴巴的面包，一点都不愿意吃，后来日久生情，就像面包上抹了果酱，甜甜蜜蜜？

女朋友：是啊，因为你会不断地制造惊喜，让我总是对未来充满期待。

---

①看样子
"It looks..." It's used to infer.
表示推断。
■看样子，这场比赛我们可能会输了。

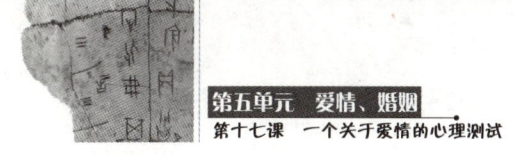

第五单元 爱情、婚姻
第十七课 一个关于爱情的心理测试

一、回答问题

1. 女朋友对男朋友是一见钟情的吗？男朋友对女朋友呢？
2. 男朋友是怎么形容女朋友对他的感觉的？
3. 女朋友后来为什么爱上男朋友了？
4. 一见钟情和日久生情，你更相信哪个？为什么？
5. 你的妈妈和爸爸是一见钟情还是日久生情？
6. 你希望和你的男朋友/女朋友一见钟情还是日久生情？

二、用所给的关键词语复述课文

感觉　真的吗　坚定　看样子　一见钟情　日久生情　干巴巴　果酱　制造　惊喜　期待

三、用所给的关键词语做练习

爱情　刻骨铭心　感情　日久生情　强调　责任　一见钟情　迷醉　告别　旧　同甘共苦　恋人　放弃　忽然　惊喜　期待　尽管……但是……　愿意　不断　看样子　那还用说

1. 辩论：一见钟情和日久生情，哪种爱情会更长久？

听力练习

一、听后判断正误

1. 他和老婆结婚两年了。
2. 他和老婆有很多话说。
3. 他有了新的恋人。
4. 他和自己的新恋人是日久生情的。
5. 说话的人觉得他应该和老婆离婚。

二、听后回答问题

1. 他说他为什么和老婆离婚？
2. 他说的话是真的吗？他离婚真正的原因是什么？
3. 女的觉得他应该和老婆离婚吗？为什么？

三、听后复述短文

功能点练习

用所给的功能点完成对话

我问你，你是不是……   是我不好   那还用说   看样子

1. A：_____弄坏了我的电脑？

   B：对不起，_____，不该不告诉你。

2. A：这次考试考得不错吧？

   B：_____？

   A：_____，你考得特别好啊。

交际活动

问问你的朋友们，希望"一见钟情"还是"日久生情"？为什么？然后在课堂上报告你的调查结果。

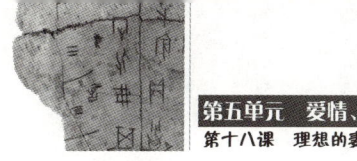

第五单元 爱情、婚姻
第十八课 理想的妻子

第十八课
理想的妻子

热身

1. 什么是理想的妻子？
2. 什么是理想的丈夫？
3. 找到理想的结婚对象难不难？

127

❶ 几个朋友在谈论要找什么样的男朋友

A：我理想的男朋友不一定是个帅哥，因为帅哥常常会吸引很多美女，但是也不能长得太丑。

B：对我来说，外表不重要，有没有钱也不重要，重要的是他得有思想，有主见，什么事情都能帮我处理。

C：我不这样认为①，钱当然重要，没有钱，怎么生活，怎么浪漫？

D：你们能找到男朋友才怪呢！符合你们要求的人比大海捞针还难找。

>①我不这样认为
>I don't think so.
>表示反对。
>■A：找男朋友，有钱是最重要的条件。
>　B：我不这样认为。

一、回答问题

1. A想找一个帅哥男朋友吗？为什么？
2. B对男朋友的要求是什么？
3. B认为钱在恋爱中重要吗？C的看法呢？
4. D觉得A、B、C的要求怎么样？
5. 你找到理想的男朋友/女朋友了吗？
6. 你觉得理想的男朋友/女朋友应该是什么样的？

二、用所给的关键词语复述课文

理想　帅哥　吸引　美女　丑　思想　主见　处理　我不这样认为　符合　要求　大海捞针

三、用所给的关键词语做练习

理想　命运　丑　帅　漂亮　温柔　香喷喷　思想　开放　行为　保守
情人　主见　浪漫　否则　按照　标准　大海捞针　体贴　美女　帅哥
不是……而是……　符合　我不这样认为

1. 你心目中理想的男朋友/女朋友是什么样的？
2. 对话练习：你的朋友说，男朋友首先要有钱，如果没钱的话绝对不行。你赞同她的说法吗？你们会说什么？

❷ 两个朋友在谈论什么是理想的好妻子

A：传统认为，会做香喷喷的美味饭菜是好妻子的第一个要求。

B：在我看来，这也是现代男人的理想。如果天天出去吃饭或者吃干巴巴的面包，不离婚才怪呢！

A：按照你们的说法，好厨师最容易结婚了。

B：不见得。我跟女朋友结婚不是因为她是一个好厨师，而是因为我爱她。

A：如果有两个女人，一个是美女，一个是好厨师，你会跟谁结婚呢？

B：要是她既是美女又是好厨师就好了。

A：只能符合一个要求。

B：我真是拿不定主意①。

①拿不定主意
"I don't know..."
It expresses hesitation.
表示犹豫。
■到底要不要跟他结婚，我拿不定主意。

一、回答问题

1. 好妻子的第一个条件是什么？为什么？
2. 按照这个标准，什么人最容易结婚？
3. B同意这种说法吗？他为什么跟女朋友结婚？
4. B希望跟一个什么样的人结婚？他选择美女还是好厨师？
5. 如果一个是美女，一个是好厨师，你会跟哪个人结婚？为什么？
6. 你觉得好妻子最重要的条件是什么？

二、用所给的关键词语复述课文

传统　香喷喷　标准　理想　离婚　按照　不是……而是……　希望　拿不定主意

三、用所给的关键词语做练习

理想　丑　帅　漂亮　温柔　香喷喷　思想　开放　行为　保守　情人　主见　浪漫　否则　擦　地板　配合　处理　按照　标准　大海捞针　体贴　美女　帅哥　不是……而是……　符合　拿不定主意　希望　我不这样认为

1. 对话练习：你的朋友说，找女朋友一定要找美女，否则会没面子。你赞同吗？你们会说什么？

---

①真急死人了
"It worries me so much."
It means one worries about someone and something.
表示着急。
■已经九点了，他还没有来，真急死人了。

3 母亲请朋友给儿子介绍女朋友

母亲：你看看，这孩子三十多岁了，连个女朋友都没有，真急死人了①！

朋友：没什么，现在的年轻人都这样，要求高，别着急。

第五单元　爱情、婚姻

第十八课　理想的妻子

母亲：我怎么能不着急啊②？他工作又忙，单位里女孩子又少，找女朋友真比大海捞针还难啊！

朋友：是啊。

母亲：对了，你认识人多，能不能帮我儿子介绍一个？

朋友：没问题，有合适的，我帮你问问。

②怎么能不……啊
"How can't I...?" It's used to disagree with others.
表示反对别人的说法。
■A：别生气。
　B：怎么能不生气啊？丢了那么多钱。

一、回答问题

1. 母亲为什么着急？
2. 儿子为什么没有女朋友？
3. 母亲请朋友帮什么忙？为什么请她帮忙？
4. 朋友答应了吗？
5. 你觉得找一个理想的男朋友或者女朋友难吗？为什么？

二、用所给的关键词语复述课文

多　连……都……　真急死人了　别着急　怎么能不……啊　大海捞针　能不能帮我

三、用所给的关键词语做练习

多　理想　丑　帅　漂亮　温柔　香喷喷　思想　开放　行为　保守　情人　主见　浪漫　否则　擦　地板　配合　处理　按照　标准　大海捞针　体贴　美女　帅哥　不是……而是……　符合　真急死人了　怎么能不……啊　拿不定主意　我不这样认为

1. 对话练习：你的朋友决定30岁以前必须结婚。如果那时候还没有男朋友/女朋友，就随便找个人结婚。你赞成他/她的做法吗？你们会说什么？

听力练习

一、听后判断正误

1. 大家都觉得我的妻子不错。
2. 我的妻子温柔体贴，但是不太漂亮。
3. 我和妻子一起做家务。
4. 妻子是家庭主妇，不工作。
5. 我担心别人爱上我的妻子。

二、听后回答问题

1. 我的妻子家务做得怎么样？
2. 我觉得我们的生活像什么？
3. 妻子工作时能干吗？
4. 为什么大家说我有一个理想的妻子？
5. 为什么我担心别人会爱上我的妻子？

三、听后填空

1. 大家都说我有一个____的妻子，她不仅漂亮，而且很____、____。
2. 每天我下班回家就能吃到____的饭菜，家里的大部分事不用____我。
3. 朋友都说这样的妻子比____还难找。

四、听后复述短文

功能点练习

用所给的功能点完成对话

我不这样认为　　拿不定主意　　真急死人了　　我怎能不……啊

1. A：这孩子一直不说话，只是哭，_____。

   B：别着急，慢慢来。

   A：我是她妈妈，_____。

第五单元 爱情、婚姻
第十八课 理想的妻子

2. A：到底去北京还是上海呢？_____。

   B：深圳不错，我觉得你应该去看看。

   A：_____，我不太喜欢那个地方。

交际活动

1. 班里的男女同学各成一组，轮流提出对理想丈夫/妻子的要求，一位同学做记录。最后比一比：男同学的要求多还是女同学的要求多？然后把这些要求按照"最重要、很重要、一般、不重要"四级排序，看看同学眼中的理想丈夫/妻子必须要具备哪些特点，为什么。

2. 采访3个朋友，请他们谈谈他们眼中幸福的夫妻是怎么样的，可以说自己的父母、邻居等。然后在课堂上报告你的采访结果。

对外汉语短期培训系列教材
◎实践汉语——中级听说

第十九课
这个时代的爱情

热身

1. 这个时代有什么特点？这个时代的爱情呢？
2. 爱情和金钱哪一个重要？
3. 你觉得网恋有真正的爱情吗？

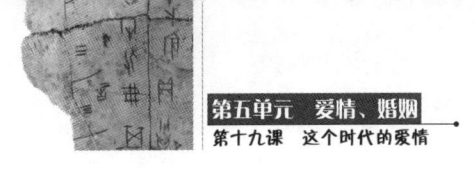

① 一对恋人的对话

男朋友：我不能①给你汽车、别墅。

女朋友：我不在乎。

男朋友：也许以后我也不会给你赚很多钱。

女朋友：这有什么？不是没有不爱钱的女人。

男朋友：我只能给你一辈子的爱。

女朋友：除了爱以外，别的都不重要。

> ① （某人）+能/会+(做某事)
> (sb.) can do (sth.)
> 表示有能力。
> ■我会说三种外语。

一、回答问题

1. 男人说不能给女人什么？女人觉得怎么样？
2. 男人只能给女人什么？
3. 女人觉得什么最重要？
4. 你觉得他们有真正的爱情吗？为什么？
5. 你觉得爱情重要还是金钱重要？你会找没钱的男朋友吗？
6. 你喜欢浪漫吗？你觉得制造浪漫必须要有钱吗？

二、用所给的关键词语复述课文

不能　不在乎　赚钱　这有什么　不是没有　一辈子

三、用所给的关键词语做练习

时代　分手　谈恋爱　嫁　别墅　一辈子　伤心　天真　美好　梦想

属于　满不在乎　既然……就……　实在　结束　赚钱　方便面

除了……以外　不是没有　这有什么　（某人）+能/会+(做某事)

1. 对话练习：你的男朋友告诉你他没有钱，所以现在不能结婚。你们会说什么？

② B谈了一个星期恋爱就结婚了，她的朋友非常不理解

A：你们谈了一个星期恋爱就结婚了，这是真的吗①？

B：是啊，对我来说，认识一个星期还是认识一年结婚根本没有不同。从认识他的那天起，我就爱上了他，既然爱他就嫁给他了。

A：一个星期，怎么能了解一个人？

B：不是没有可能。有的人认识几天就像老朋友一样，有的人认识了一辈子，也不见得互相了解。

A：好像有道理。

B：再说，爱一个人不一定要了解他。

A：不了解一个人，怎么能爱上他？

B：你太保守了，我们这是时尚②。

A：时尚？像方便面一样的时尚吗？

> ①这是真的吗
> Is that true?
> 表示怀疑。
> ■你有男朋友了？这是真的吗？

> ②时尚 shíshàng
> fashion

一、回答问题

1. B谈了多久恋爱就结婚了？他们为什么那么快结婚？
2. 那么短的时间，她了解男朋友吗？
3. B觉得爱一个人一定要了解那个人吗？
4. 你觉得爱上一个人需要先了解他吗？
5. A说"像方便面一样的时尚"，是什么意思？
6. B认为闪婚是什么？你觉得呢？
7. 你赞成闪婚吗？为什么？

二、用所给的关键词语复述课文

谈恋爱　结婚　这是真的吗　了解　不是没有　一辈子　有道理
保守　时尚

三、用所给的关键词语做练习

时代　谈恋爱　嫁　别墅　一辈子　伤心　天真　美好　梦想　属于
满不在乎　婚礼　充满　既然……就……　实在　结束　赚钱　方便面
除了……以外　不是没有　这是真的吗　（某人）+能/会+（做某事）

1. 对话练习：你和男朋友认识只有两个星期，昨天他向你求婚了。你会答应他吗？你们会说什么？

③ 几个人在谈对网恋的看法

A：我和女朋友是网恋，从认识到见面花了三年时间，从见面到恋爱却只花了三个月，现在还在一起，以后有可能结婚。

B：真让人羡慕①！我也正在甜蜜的网恋中！我相信我会嫁给他！这是我美好的梦想。

C：网恋是美好的事情，充满了神秘、期待，除了这个以外，跟现实生活中的恋爱没有什么不同。付出②真情，你会找到意想不到的浪漫爱情。

D：孩子她爸一边说爱我、爱家、爱儿子，一边在网上找网友，甚至能同时与几个女孩儿谈恋爱，那些女孩儿都以为他没结婚呢！

①真让人羡慕
How I envy you!
表示羡慕。
■你的妻子这么温柔、漂亮，真让人羡慕。

②付出 fùchū
pay out

137

一、回答问题

1. A和女朋友怎么认识的？
2. B的梦想是什么？
3. C赞成网恋吗？为什么？
4. D有什么样的家庭问题？
5. 你喜欢在网上聊天吗？你有过网恋的经历吗？
6. 你赞成网恋吗？为什么？

二、用所给的关键词语复述课文

恋爱　真让人羡慕　甜蜜　嫁　美好　梦想　神秘　期待　付出
意想不到

三、用所给的关键词语做练习

时代　谈恋爱　嫁　一辈子　伤心　天真　美好　梦想　属于
满不在乎　充满　单身贵族　已婚　既然……就……　实在　结束
除了……以外　不是没有　这是真的吗　真让人羡慕

（某人）+能/会+（做某事）

1. 对话练习：你的妹妹在网上认识一个男朋友，妹妹说明天晚上在酒吧和男朋友见面。你同意你妹妹去吗？你们会说什么？

2. 对话练习：你的朋友已经结婚了，但是他现在偷偷地网恋了。他告诉你他只是在网上谈恋爱，不会真的见面。你对他这种行为怎么看？你们会说什么？

听力练习

一、听后判断正误

1. 只有一个人想跟A结婚。
2. B觉得爱情更重要。
3. 没有爱情无法生活，没有面包无法谈恋爱。

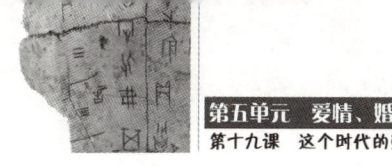

第五单元 爱情、婚姻
第十九课 这个时代的爱情

4. B没有帮A想出办法。

5. 最后A决定要嫁给有钱人。

二、听后回答问题

1. A为什么不能决定嫁给哪个？

2. 为什么爱情和面包都重要？

3. B帮A想了个什么办法？

4. A对B给她想的办法满意吗？

三、听后复述短文

功能点练习

用所给的功能点完成对话

（某人）+能/会+（做某事）　　这是真的吗　　真让人羡慕

1. A：你知道吗？＿＿＿＿＿＿＿＿＿＿。

   B：＿＿＿＿＿＿＿＿＿＿？

   A：当然，她弹钢琴弹得挺好的，你去听听就知道了。

   B：＿＿＿＿＿＿＿＿＿＿，我也很想学。

交际活动

1. 采访几个朋友，请他们谈谈对于"闪婚"的看法。他们是否支持闪婚？为什么？然后在课堂上报告你的调查结果。

2. 辩论：网恋是否有真正的爱情？

第二十课
梁山伯与祝英台的故事
——一定要门当户对吗

热 身

1. 你知道梁山伯和祝英台的故事吗？西方也有类似的故事吗？

2. 要是你的父母不同意你的男朋友或女朋友跟你交往，你怎么办？

3. 你觉得门当户对重要吗？

第五单元　爱情、婚姻
第二十课　梁山伯与祝英台的故事

① 两位单身白领女性谈论找男朋友的标准

A：我从小接受的传统教育告诉我，应该找一个门当户对的男朋友。

B：是啊，学历、收入、工作都要跟我差不多。

A：听说按照这样的标准，合适的男性只有0.2%。

B：真的比大海捞针还难呢！

A：就算你好不容易找到这样一个人，两个人也不一定谈得来啊！

B：其实，我们的要求并不高啊。可是，怎么总是找不到合适的男朋友呢①？

①怎么总是……呢
"Why always..."
It expresses one's puzzle about something.
表示疑惑。
■他成绩挺好的，可是怎么总是害怕考试呢？

一、回答问题

1. 按照传统教育，女人应该找什么样的男朋友？
2. 符合条件的男人有多少？找门当户对的男朋友容易吗？
3. B觉得她们的要求高吗？你觉得呢？
4. 在你的国家，重视婚姻、恋爱中的门当户对吗？
5. 如果你的男朋友/女朋友学历、收入、工作都不如你，你会跟他/她结婚吗？如果他/她比你好很多呢？

二、用所给的关键词语复述课文

从小　接受　门当户对　差不多　按照　大海捞针　好(不)容易
谈得来　怎么总是……呢

三、用所给的关键词语做练习

接受　从小　继续　谈得来　十分　再三　暗示　当做　求婚　要求　大海捞针　好(不)容易　凑够　反抗　发誓　被迫　出嫁　是……的　怎么总是……呢

1. 对话练习：你的朋友非常优秀，直到现在还是单身一人，没有合适的对象，她/他对你说一定要找一个门当户对的男朋友/女朋友，你们会说什么？

② 母女两个一边看电视一边聊天，节目中一位女大学生嫁给了初中毕业的打工仔

①真希望……
How I wish...
表示希望。
■真希望有一段刻骨铭心的爱情。

②学历 xuélì
educational background

③你知道什么
"What do you know?"
It indicates looking down upon.
表示看不起。
■A: 找一个打工仔男朋友没什么不好啊！
B: 你知道什么？

女儿：他们好不容易才结婚，真希望①他们幸福。

母亲：是挺不容易的，可是两个人门不当户不对，是不会幸福的。

女儿：不见得，他们那么相爱，又十分谈得来，这是最重要的。

母亲：生活不是谈恋爱，两个人学历②相差这么大，成长的环境也完全不同，肯定会有很多问题。

女儿：就算各方面门当户对的人一起生活也会有问题啊！

母亲：你知道什么③？自己试试就明白了。

一、回答问题

1. 女儿希望电视里的人幸福吗？为什么？
2. 母亲觉得他们会幸福吗？为什么？
3. 如果女儿要嫁给一个不如她的人，你觉得她的母亲会同意吗？
4. 你觉得电视里的人会幸福吗？为什么？
5. 你觉得门当户对对婚姻真的很重要吗？

二、用所给的关键词语复述课文

好(不)容易　真希望……　门不当户不对　不见得　谈得来　学历　环境　你知道什么

三、用所给的关键词语做练习

接受　从小　继续　谈得来　十分　再三　暗示　当做　求婚
好(不)容易　凑够　反抗　发誓　被迫　出嫁　是……的　真希望……
怎么总是……呢　你知道什么

1. 对话练习：你的女朋友家里很有钱，但是你只是普通大学生。你和她在一起会有压力(pressure)吗？你会和她结婚吗？跟朋友谈谈你的看法。

③ 男朋友的父母一直不肯接受他的女朋友，两个人在想办法

女朋友：你的父母一直不肯接受我，我们真的得放弃这段感情吗？
男朋友：……
女朋友：说话呀！你是不是暗示我，我们没办法继续了？
男朋友：别这么想，你知道我对你的感情，还要我再发誓吗？
女朋友：可是他们是你的父母，我真的不知道该怎么办。
男朋友：……，随他们的便①吧，我们相爱是最重要的。

①随(某人)的便
Let (sb.) do as he likes.
表示听任。
■A：我不想吃饭。
　B：不吃就不吃，随你的便。

143

一、回答问题

1. 男朋友的父母喜欢儿子的女朋友吗？
2. 男朋友打算跟女朋友分手吗？为什么？
3. 他们重视父母的意见吗？
4. 他们最后想出办法了吗？
5. 谈恋爱的时候，你觉得父母的意见重要吗？为什么？
6. 如果父母不喜欢你的男朋友/女朋友，你怎么办？

二、用所给的关键词语复述课文

接受 放弃 暗示 别这么想 发誓 随（某人）的便

三、用所给的关键词语做练习

接受 从小 继续 谈得来 十分 再三 暗示 当做 求婚

好(不)容易 凑够 反抗 发誓 被迫 出嫁 是……的 真希望……

怎么总是……呢 你知道什么 随(某人)的便

1. 对话练习：你的父母不喜欢你的男朋友/女朋友，如果你们要结婚的话他们会很不高兴。跟父母谈谈吧。

听力练习

一、听后判断正误

1. 母亲觉得儿子的女朋友不好。
2. 母亲同意儿子和女朋友继续交往。
3. 母亲觉得儿子的女朋友跟她在一起不合适。
4. 母亲觉得自己的儿子比他的女朋友更优秀。
5. 母亲觉得儿子和他现在的女朋友是门当户对的。

第五单元　爱情、婚姻
第二十课　梁山伯与祝英台的故事

二、听后回答问题

1. 母亲为什么不能接受儿子的女朋友？
2. 母亲认为儿子应该找什么样的女朋友？

三、听后复述短文

功能点练习

用所给的功能点完成对话

怎么总是……呢　　真希望……　　你知道什么　　随(某人)的便

1. A：好几天都没见太阳了，＿＿＿＿＿＿＿＿？

   B：是啊，我明天想出去玩儿，＿＿＿＿＿＿＿＿＿＿。

2. A：学书法有什么用啊？

   B：＿＿＿＿＿＿＿，学书法的用处大着呢。

   A：可是我就是不喜欢，不学！

   B：不学就不学，＿＿＿＿＿＿＿。

交际活动

1. 问问你的中国朋友，是不是一定要找一个门当户对的结婚对象？为什么？然后在课堂上报告你的调查结果。

2. 分别问问你的中国和美国朋友，他们认为有哪些因素（比如金钱、房子、年龄）会影响到结婚？为什么？在课堂上报告你的调查结果。

3. 表演：请你们根据莎士比亚的著名悲剧《罗密欧与朱丽叶》，自己编一个爱情小短剧，可以改变原著的故事或者结局，但是要求内容完整，符合逻辑。然后在课堂上表演。

单元总结

质问

1. 我问你，你是不是……

男朋友：咱们分手吧。

女朋友：……为什么？……我问你，你是不是喜欢她？（第十七课）

承认

1. 是我不好

女朋友：这种话你也说得出来？

男朋友：……我知道是我不好，但是没有了惊喜和感动……（第十七课）

同意、赞成

1. 那还用说

B：他一定很帅吧！

A：那还用说！当时，酒吧里的音乐也很美，我一下子就爱上了他。

（第十七课）

推断

1. 看样子

男朋友：真的吗？但是，我第一眼看到你的时候，就坚定地认为你是我女朋友了。

女朋友：看样子，你是对我一见钟情了。我对你却是日久生情，时间久了，才越看越有感觉。（第十七课）

反对、不赞成

1. 我不这样认为

B：对我来说，外表不重要，有没有钱也不重要，重要的是他得有思想，有主见，什么事情都能帮我处理。

C：我不这样认为，钱当然重要，没有钱，怎么生活，怎么浪漫？（第十八课）

2. 怎能不……啊

朋友：没什么，现在的年轻人都这样，要求高，别着急。

母亲：我怎么能不着急啊？他工作又忙，单位里女孩子又少，找女朋友真比大海捞针还难啊！（第十八课）

犹豫

1. 拿不定主意

A：如果有两个女人，一个是美女，一个是好厨师，你会跟谁结婚呢？

B：要是她既是美女又是好厨师就好了。

A：只能符合一个要求。

B：我真是拿不定主意。（第十八课）

着急

1. 真急死人了

你看看，这孩子三十多岁了，连个女朋友都没有，真急死人了！（第十八课）

有能力

1. （某人）+能/会+（做某事）

男朋友：我不能给你汽车、别墅。

女朋友：我不在乎。（第十九课）

怀疑

1. 这是真的吗

你们谈了一个星期恋爱就结婚了，这是真的吗？（第十九课）

羡慕

1. 真让人羡慕

A：我和女朋友是网恋，从认识到见面花了三年时间，从见面到恋爱却只花了三个月，现在还在一起，以后有可能结婚。

B：真让人羡慕！我也正在甜蜜的网恋中！我相信我会嫁给他！这是我美好的梦想。（第十九课）

疑惑

1. 怎么总是……呢

A：就算你好不容易找到这样一个人，两个人也不一定谈得来啊。

B：其实，我们的要求并不高啊。怎么总是找不到合适的男朋友呢？

(第二十课)

希望

1. 真希望……

他们好不容易才结婚，真希望他们幸福。（第二十课）

轻视、看不起

1. 你知道什么

女儿：就算各方面门当户对的人一起生活也会有问题啊！

母亲：你知道什么？自己试试就明白了。（第二十课）

听任

1. 随(某人)的便

女朋友：可是他们是你的父母，我真的不知道该怎么办。

男朋友：……，随他们的便吧，我们相爱是最重要的。（第二十课）

第六单元

性格修养

第六单元学习目标

　　本单元讨论马虎、小气等性格特点，以及口头禅、男女的特点、男女平等等有关性格修养的话题。

　　第二十一课，要求运用所学词语和功能点，学会描述差不多先生、太认真先生的性格特点并作出简单评价，能够听懂马虎的故事。

　　第二十二课，要求运用所学词语和功能点，描述小气、大方等性格特点并作出简单评价，并能听懂有关小气鬼的故事。

　　第二十三课，要求运用所学词语和功能点，能够简单介绍自己的口头禅，通过某人口头禅来描述此人的性格特点，并能听懂口头禅有关的话题。

　　第二十四课，要求运用所学词语和功能点，学会说明男子汉、好女人应该具备的特点，简单评价人们对男子汉的要求，简单阐述对男女平等的看法，并能听懂有关男女平等的话题。

第二十一课
差不多先生传
——差不多与太认真

热身

1. 差不多先生常常说什么？
2. 你见过差不多先生吗？你喜欢跟这样的人做朋友吗？为什么？

1 差不多先生与别人的对话

A：穿了一星期，衣服该洗了吧？

B：不是挺干净的吗？差不多就行了。

A：过了五分钟了，迟到了！

B：不就五分钟吗？何必那么认真？

A：中午吃麦当劳还是肯德基？

B：都是洋快餐，差不多，什么都行。

A：这是"十"，不是"千"！

B：差不多吧。

A：差多了！五十块钱的东西能卖五千吗？哪有你这样的①？

①哪有你这样的
"How can you do that?"
It's used to blame.
表示责备。
■只考了三十分，哪有你这样的？

一、回答问题

1. B多长时间没洗衣服了？他觉得怎么样？
2. B迟到了吗？他的看法呢？
3. 你觉得准时到和迟到五分钟有差别吗？
4. B要吃麦当劳还是肯德基？
5. 你觉得麦当劳和肯德基有差别吗？有什么差别？你喜欢麦当劳还是肯德基？
6. A为什么批评B？"十"和"千"差不多吗？
7. 如果觉得"十"和"千"差不多，会有什么问题？
8. 你喜欢差不多先生吗？为什么？

二、用所给的关键词语复述课文

衣服　不是……吗　迟到　何必　洋快餐　差不多　差多了　哪有你这样的

第六单元 性格修养
第二十一课 差不多先生传

三、用所给的关键词语做练习

骂　摇头　马虎　只是　笑嘻嘻　要紧　何必　肯　痛苦　好在　于是
断续　差不多　必须　一定　不是……吗　把……成……　哪有你这样的

1. 你认识的朋友有"差不多先生"的毛病吗？请你讲一讲他的故事。

② 两个朋友在谈论老马

A：你认识老马吗？

B：不是那个每天都笑嘻嘻的老头儿吗？那还用说，老朋友了。

A：他真马虎。听说他以前在商店当售货员，把白糖当成红糖卖给顾客，还说红糖跟白糖差不多。

B：没错儿，我相信①这是他干的事。他觉得任何事差不多就行了，何必那么认真呢，所以他天天都很高兴。

A：是吗？

B：有一次，他肚子疼，痛苦得不得了，可是大夫却给他开错药了，吃了药，疼得更厉害了。他的家人要去医院骂那个大夫，他却说："算了，不就是多疼了一会儿吗？不要紧。"后来看见那个大夫还笑嘻嘻地打招呼呢。

A：哎呀，不会吧②？

---

①我相信
I believe.
表示相信。
■妈妈相信你一定能成功。

②不会吧
"Oh, no!" It's used to express one's doubt.
表示怀疑。
■A：这个星期我赚了三千块钱。
　B：不会吧？这么多！

一、回答问题

1. B认识老马吗？他对老马是什么印象？
2. A为什么说老马很马虎？
3. B相信A的话吗？
4. A讲了老马的什么故事？A喜欢老马吗？
5. 你觉得老马是一个什么样的人？请描述一下。
6. 你认识的朋友里有像老马一样的人吗？你喜欢跟他做朋友吗？

二、用所给的关键词语复述课文

笑嘻嘻　那还用说　不是……吗　把……成……　差不多　我相信　何必　痛苦　算了　不要紧　不会吧

三、用所给的关键词语做练习

骂　摇头　马虎　只是　笑嘻嘻　要紧　何必　肯　痛苦　好在　于是　断续　差不多　必须　一定　不是……吗　把……成……　我相信　不会吧　哪有你这样的

1. 你喜欢跟马虎的人做朋友吗？为什么？

③ "太认真"老板

今天早上我经过一家面包店的时候，突然特别想上厕所，可是附近没有厕所，只好问老板能不能用店里的厕所，可是老板很认真地说："这个厕所是专门让顾客用的。"不许我用，我快绝望了，就说可以付钱，没想到他摇摇头说："这个不是为了赚钱的，我只卖面包赚钱。"怎么办啊？这时老板建议我说："买一个面包尝尝，就可以用厕所了。"天哪，哪有他这样的老板！

①天哪
"God!" It expresses surprise.
表示吃惊。
■天哪，这是什么？

一、回答问题

1. 他今天早上遇到了什么问题？
2. 刚开始老板为什么不许他用店里的厕所？后来呢？
3. 最后为什么让他用了？
4. 你觉得老板是一个什么样的人？
5. 你觉得他的面包店生意好吗？为什么？
6. 你有特别认真的朋友吗？
7. 你愿意跟认真的人还是马虎的人交朋友？为什么？

二、用所给的关键词语复述课文

经过　突然　认真　顾客　专门　绝望　付钱　赚钱　建议　天哪

三、用所给的关键词语做练习

只是　要紧　何必　肯　痛苦　好在　差不多　必须　一定　不是……吗　把……成……　我相信　不会吧　哪有你这样的　认真　顾客　专门　付钱　赚钱　天哪

1. 请补充出来他们的对话，分角色表演这个故事。

听力练习

一、听后判断正误

1. 这个读书人做事情很认真。
2. 这个人画了一匹完整的马。
3. 这个人告诉大儿子他画的是马。
4. 这个人的大儿子打死了一只老虎。
5. 这个人的小儿子被老虎咬死了。

二、听后回答问题

1. 这个人画了一幅什么样的画？
2. 这个人说自己画的是什么？
3. 这个人告诉自己的大儿子什么？结果发生了什么事？
4. 这个人告诉自己的小儿子什么？结果发生了什么事？

三、听后复述短文

功能点练习

用所给的功能点完成对话

我相信　不会吧　哪有你这样的　天哪

1. A：把孩子打成这样，_____。

    B：整天不上学，不打怎么办？

2. A：_____，这么漂亮的花，送给我的吗？

    B：那还用说。再看看还有什么。

    A：_____？钻石？

    B：_____你一定会喜欢。

交际活动

1. 分角色表演听力材料中"马虎"的故事。

2. 采访你的朋友，问问他们是否有"差不多"先生的毛病？应该怎样改正？然后在课堂上报告你收集到的改正办法。

第六单元　性格修养
第二十二课　小气鬼

第二十二课
小气鬼

热身

1. 小气鬼常常做什么事情？
2. 你有小气的朋友吗？
3. 你是不是小气鬼？

① 小气的男朋友和女朋友的对话

男朋友：哎呀，我忘带零钱了。

女朋友：没关系，我请你吃。

男朋友：像你这样不计较的女孩子真不多了。

女朋友：咱们去喝咖啡，好不好？

男朋友：什么①？这儿的咖啡太贵了，要是你想喝，我们到超市买咖啡，坐在公园里喝，既省钱又浪漫！

女朋友：好漂亮的钻石②！

男朋友：这有什么用处吗？只是骗女人嘛！你是个很特别的女孩，你跟平凡的女人不同。

①什么
"What?" It expresses surprise.
表示意外。
■A：我要去非洲。
　B：什么？

②钻石 zuànshí
diamond

一、回答问题

1. 他们吃饭是谁花的钱？为什么？
2. 男朋友是怎么夸奖他的女朋友的？
3. 他们去喝咖啡了吗？为什么？
4. 你觉得坐在公园里喝超市里买的咖啡浪漫吗？
5. 女朋友夸钻石漂亮的时候，男朋友说什么？
6. 你觉得男朋友小气吗？你会不会和这样的人谈恋爱？
7. 如果你发现你的男朋友/女朋友很小气，你会怎么办？
8. 你是不是小气鬼？什么时候小气？什么时候大方？

二、用所给的关键词语复述课文

零钱　没关系　喝咖啡　什么　超市　钻石　难道

第六单元　性格修养
第二十二课　小气鬼

三、用所给的关键词语做练习

各　慷慨　大方　讨厌　斤斤计较　小气鬼　对象　工资　挣　仍然
单身　好气　好笑　结果　埋怨　振振有词　难道　什么

1. 请你讲一个小气鬼的故事。

② 妻子非常节约用水、用电，丈夫看不惯

丈夫：你真是的①，一个月能省②几块钱？
妻子：难道几块钱不是钱吗？而且，水、电都是宝贵的资源③，不应该浪费。
丈夫：你还振振有词。你怎么这么④小气！
妻子：别埋怨，看看存折⑤你就知道了。
丈夫：既然有这么多钱，你干嘛还斤斤计较？
妻子：你不是想买一台电脑吗？这就是小气鬼送给你的礼物。
丈夫：什么？你真是一个大方的小气鬼！

一、回答问题

1. 妻子是怎么省钱的？
2. 丈夫觉得妻子的做法怎么样？
3. 妻子现在存折上的钱多不多？妻子为什么省钱？
4. 丈夫对妻子的看法转变了吗？
5. 你觉得妻子小气吗？
6. 你希望你的男朋友/女朋友也这样吗？
7. 你会为了你的男朋友/女朋友而拼命省钱吗？
8. 你会因为什么拼命省钱？你有什么省钱的办法？

---

①你真是的
"You are really..." It's used to complain.
表示抱怨。
■你真是的，怎么把钱包丢了。

②省 shěng
to save

③资源 zīyuán
resource

④你怎么这么/那么……
"How can you be so...?"
It's used to blame.
表示责备。
■你怎么这么粗心，连"十"和"千"都没看清。

⑤存折 cúnzhé
bankbook

二、用所给的关键词语复述课文

你真是的 省 难道 资源 浪费 振振有词 你怎么这么/那么……
小气 埋怨 斤斤计较 大方

三、用所给的关键词语做练习

慷慨 大方 讨厌 斤斤计较 小气鬼 挣 仍然 好气 好笑 结果
埋怨 振振有词 难道 废纸 各 省 你真是的 什么
你怎么这么/那么……

1. 你觉得节省跟小气一样吗？节省是不是好习惯？你是个节省的人吗？
2. 对话练习：为了假期能够出去旅行，你拼命省钱，可是你的朋友觉得你是一个小气鬼，你们会说什么？

3 大方的同屋

我的同屋是一个慷慨大方的人，每次朋友聚会，不管花多少钱，他都会抢着付钱；他也很舍得给女朋友买礼物，听说去年的情人节他给女朋友买了钻石呢；当然，我是他的同屋，他有时也会送给我礼物、请我吃饭什么的①。大家都很羡慕他，觉得他一定很有钱，否则不可能这么大方。但是，有一天，他不在房间，他的朋友给他打电话，问他什么时候可以还钱。我恍然大悟，原来他根本没钱，但是他怕别人看不起，就总是借钱，装作慷慨大方的样子。

① ……什么的
"...and things like that."
It expresses enumeration.
表示列举。
■ 房间里有桌子、椅子、床什么的。

一、回答问题

1. 我的同屋对朋友怎么样？对女朋友呢？
2. 大家都觉得我的同屋是什么样的人？
3. 大家羡慕他吗？为什么？
4. 其实我的同屋有钱吗？我是怎么发现的？
5. 同屋为什么要装作有钱的样子？
6. 你觉得我的同屋大方吗？
7. 假如你没有钱，你会像我的同屋那样吗？
8. 大方的人是不是都是有钱人？有钱人是不是都很大方？
9. 小气鬼都是穷人吗？

二、用所给的关键词语复述课文

慷慨　大方　聚会　钻石　……什么的　羡慕　否则　恍然大悟　原来　看不起　装作……的样子

三、用所给的关键词语做练习

慷慨　大方　讨厌　斤斤计较　小气鬼　挣　仍然　好气　好笑　结果　埋怨　振振有词　难道　单身　各　什么　你真是的

你怎么这么/那么……　……什么的

1. 分角色表演：想像一下第三段课文中我怎么向同屋转告朋友的电话，我们会说什么？然后表演出来。

听力练习

一、听后判断正误

1. 清明节快到了。
2. 小气鬼想送给女朋友巧克力。
3. 这时的礼物和平时的价钱一样。
4. 小气鬼真的觉得送女朋友一支玫瑰太少了。
5. 小气鬼不懂浪漫。

二、听后回答问题

1. 小气鬼为什么想送给女朋友玫瑰花？
2. 小气鬼为什么舍不得买花？
3. 小气鬼最后送给女朋友什么了？
4. 小气鬼在贺卡上写了什么字？

三、听后填空

1. 这时的玫瑰花比平时贵得多，他很_____。
2. 他真是一个_____的小气鬼。

四、听后复述短文

功能点练习

用所给的功能点完成对话

你真是的   什么   你怎么这么/那么……   ……什么的

1. A：今天我请你吃饭。

   B：_____？请我吃饭？以前都是我请你，今天_____？

   A：_____，别老说以前的事儿了。

2. A：快尝尝，好吃吗？

   B：_____？就请我吃这个？

   A：不好吗？包子、饺子、面条儿_____，多好吃啊。

交际活动

表演：3人或4人一组，以"小气"为主题，编一个有趣的短剧，并在课堂上表演。

第二十三课
口头禅

热 身

1. 你有口头禅吗？你的口头禅是什么？
2. 常常说"随便"的是什么样的人？
3. 你会跟一个常说"郁闷、没劲"的人交朋友吗？为什么？

1 女朋友的口头禅——"随便"

A：我跟女朋友在一起的时候，她经常说"随便"，我真不太习惯。

B："随便"是什么都可以的意思①啊。

A：我以前也这样想，可是我发现她说"随便"的时候，心里其实都有自己的想法，只是不说出来。

B：是吗？

A：拿上次的事来说，我们一块儿吃饭，我请她先点菜，可她却说："随便，你点吧！"我就一个人把我们的菜都点好了，可是她却生气了。

B：唉，女人的心理真难懂啊！

> ①……是……的意思
> "It means..." It's used to to explain or interpret.
> 表示解释。
> ■ 小气就是不大方的意思。

一、回答问题

1. A的女朋友经常说什么？
2. 当她说"随便"的时候，她真的是表示"什么都可以"的意思吗？
3. 上次吃饭，A的女朋友为什么生气？
4. 你觉得A的女朋友为什么生气？她心里的想法是什么？
5. 你有喜欢说"随便"的朋友吗？他/她是一个什么样的人？

二、用所给的关键词语复述课文

随便　不习惯　……是……的意思　其实　说出来　拿……来说
气死了　心理

第六单元　性格修养
第二十三课　口头禅

三、用所给的关键词语做练习

口头禅　用语　心理学　反映　活动　得到　失去　拿……来说　烦恼
形成　使用者　状态　标志　随便　现状　缺乏　目标　明确　自信心
承担　总是　无聊　没劲　可　小看　间接　……是……的意思

1. 你有什么口头禅？这个口头禅反映出你有什么样的性格特点？请用一个具体的例子谈谈口头禅与性格的关系。

② 没　劲①

A：一起去后海的酒吧，怎么样？
B：到处都是外地人②，没劲。
A：这家日本料理③不错吧？
B：算什么④日本料理啊！一点儿都不地道，难吃死了，没劲。
A：你上网聊天吗？
B：真没意思，什么美眉、帅哥，全是假的，没劲死了。
A：最近流行的那本书你看没看？
B：你知道什么？要看就看原版⑤的，翻译的没味道，没劲。

①没劲 méi jìn
be no fun, boring

②外地人 wàidìrén
outlander

③日本料理 Rìběn liàolǐ
Japanese cooking

④算什么+n.
"How can you call it...?"
It means looking down upon.
表示看不起。
■什么都不会，算什么男子汉？

⑤原版 yuánbǎn
original edition

一、回答问题

1. B觉得去后海的酒吧怎么样？
2. B觉得这家日本料理地道吗？
3. B觉得上网聊天怎么样？
4. B对最近新流行的书怎么看？

5. 你觉得B是一个什么样的人？你喜欢她吗？为什么？

6. 你觉得什么事情很没劲？

二、用所给的关键词语复述课文

酒吧　到处　没劲　日本料理　算什么+n.　地道　上网　无聊　流行　原版

三、用所给的关键词语做练习

口头禅　用语　心理学　反映　活动　得到　失去　拿……来说　烦恼
形成　使用者　状态　标志　随便　现状　缺乏　目标　明确　自信心
承担　总是　无聊　没劲　可　小看　间接　算什么+n.
……是……的意思

1. 有没有你的好朋友非常喜欢，但是你觉得没劲的事？当他邀请你一起做的时候，你会怎么办？

③ "郁闷"成了大学生的口头禅

A：我觉得城里的同学看不起我，真郁闷！

B：好不容易考上大学，可是专业不好，以后找工作可不容易。唉，现在说什么也晚了①，真郁闷！

C：大家都羡慕我有一个理想的女朋友，可是，要是别人也喜欢她该怎么办呢？真让人郁闷！

D：上了大学，忽然没有了人生的目标，甚至连自信心也没有了，真郁闷！

E：郁闷死了！

不知不觉中，"郁闷"这个表示不顺心的词，一下子在中国各高校大学生口中成了一个最常用的词。

---

①现在说什么也晚了
"It's no use to say anything more." It means having no choice.
表示无奈。
■钱已经被骗了，现在说什么也晚了。

第六单元　性格修养
第二十三课　口头禅

一、回答问题

1. A是哪里人？城里同学真的看不起他吗？
2. B担心什么？
3. C害怕什么？
4. D为什么觉得郁闷？
5. 你觉得"郁闷"为什么成了中国大学生的常用词？反映了大学生的什么心理？

二、用所给的关键词语复述课文

看不起　郁闷　好不容易　现在说什么也晚了　羡慕　理想　目标　自信心

三、用所给的关键词语做练习

口头禅　用语　心理学　反映　活动　得到　失去　拿……来说　烦恼　形成　使用者　状态　标志　随便　现状　缺乏　目标　明确　自信心　承担　总是　无聊　没劲　可　小看　间接　现在说什么也晚了　……是……的意思　算什么+n.

1. 请谈谈在你的大学，学生常说的口头禅是什么？为什么大家常说这个词？它反映了学生的什么心理？

听力练习

一、记录

1. 短文中提到了四种口头禅，仔细听，把这四种说法的具体内容记录下来。
2. 根据上面的四种口头禅，短文中分了四类人。把他们的特点记录下来。

167

二、听后判断正误

1. 口头禅可以反映一个人的个性,这种说法有心理学的根据。

2. 选择A的人内心常常很孤独。

3. 选择B的人不想承担责任。

4. 选择C的人性格有点急。

5. 选择D的人说话前需要时间思考。

三、听后复述短文

听力练习

用所给的功能点完成对话

算什么+n.   现在说什么都晚了

1. A：今天她怎么那么生气?

   B：都是我不好,把她的生日忘了,＿＿＿＿＿＿。

   A：你看看,你还是爸爸呢。

   B：是啊,女儿今天也说我：＿＿＿＿＿＿。

交际活动

1. 采访几个大学生,问问他们在大学里有哪些常用词,什么情况下会用到,在课堂上报告你的调查结果。

2. 问问你的同学和朋友,他们的口头禅是什么?为什么喜欢那个口头禅?然后分析一下,他们的口头禅能反映出他们的性格吗?在课堂上报告你的分析结果。

第六单元　性格修养
第二十四课　怎样才是男子汉

第二十四课
怎样才是男子汉
——男人和女人

热身

1. 男人跟女人有什么不同？

2. 做好男人容易吗？做好女人呢？

① 两个小学生是同桌，两人发生了争吵

① 糖 táng
candy

② 算了吧
Forget it.
表示听任。
■A：你要是把这件事告诉妈妈，我就不理你了。
　B：那就算了吧。

③ 就+(人称代词)
It indicates looking down upon.
表示看不起、轻视。
■A：我想买一套别墅。
　B：就你？买得起吗？

男生：你带糖①来上学，我要告诉老师。
女生：你就会告诉老师，斤斤计较，你不是男子汉。
男生：那就算了吧②。
女生：你说话不算数，一会儿说告诉老师，一会儿又不告诉老师了，你也不是个男子汉。
男生：那我怎样才能当男子汉呢？
女生：就你③？你不管怎样都当不了男子汉！

一、回答问题

1. 男生要告诉老师什么？
2. 他为什么不告诉老师了？女生感谢他吗？为什么？
3. 女生觉得男生是男子汉吗？为什么？
4. 女生觉得男生怎样可以当男子汉？
5. 你觉得这个男生是男子汉吗？

二、用所给的关键词语复述课文

斤斤计较　男子汉　算了吧　说话不算数　一会儿……一会儿……　就你　不管……都……

三、用所给的关键词语做练习

外表　酷　内心　坚强　勇敢　大度　斤斤计较　小气　慷慨　大方
挣钱　改变　大概　真正　不知道……才好　嘲笑　有道理
一会儿……一会儿……　说话不算数　解释　意见　不料　看不起
不管……都……　代价　算了吧　就+(人称代词)

1. 讨论：你觉得怎么样才能当一个男子汉？男子汉应该符合什么要求？

第六单元 性格修养
第二十四课 怎样才是男子汉

② 新好男人

妻子：你真是的，说好了要带孩子出去玩儿，却又要加班。

丈夫：我知道孩子对我意见挺大的，总说我说话不算数。可是有什么办法呢①？

妻子：没错儿，你就是说话不算数。唉，我问你，孩子一个星期能见你几次？

丈夫：你以为我不想多陪孩子，可是，每天都有做不完的工作，我也挺烦恼的。

妻子：得了吧②！

丈夫：对了，你听说过新好男人吗？现在西方很流行。就是有一些白领，每周只工作四天，就能剩下很多时间陪孩子了。

妻子：不会吧？只工作四天？

丈夫：我也试试当个新好男人，怎么样？

妻子：算了吧，不好好工作，还算什么男子汉！

①有什么办法呢
"What can I do?" It means having no choice.
表示无奈。
■我也不想熬夜，可是作业太多，有什么办法呢？

②得了吧
It expresses distrust about something.
表示不相信。
■A：我以后天天给你做好吃的。
　B：得了吧，谁信啊？

一、回答问题

1. 妻子为什么抱怨？
2. 孩子为什么对爸爸意见大？
3. 丈夫为什么烦恼？
4. 什么是新好男人？
5. 丈夫觉得新好男人怎么样？妻子觉得呢？为什么？

6. 你觉得新好男人是男子汉吗？

7. 你喜欢新好男人还是传统男人？为什么？

二、用所给的关键词语复述课文

你真是的 有什么办法呢 意见 说话不算数 烦恼 得了吧 新好男人 算了吧 算什么+n.

三、用所给的关键词语做练习

外表 酷 内心 坚强 勇敢 大度 挣钱 改变 大概 真正

不知道……才好 嘲笑 有道理 一会儿……一会儿……

说的一套，做的一套 说话不算数 解释 意见 不料 看不起 究竟

不管……都…… 代价 算了吧 就+（人称代词） 有什么办法呢

得了吧

1. 对话练习：你的男朋友觉得做家务、照顾孩子是女人的事，男人就应该出去工作赚钱，你不同意他的说法。

③ 女人的烦恼

女人啊，为了家，为了孩子，为了老公和父母，不交朋友，不上班，天天做家务。不料，一到40岁，所有的事情都改变了，孩子对你有意见，觉得你什么都不懂；连老公都嘲笑你外表不再美丽，说你是黄脸婆。

可是，如果不结婚，不生孩子，好好工作，好好享受生活，却被父母骂，被朋友批评，男人又说你有问题，真不知道怎么办才好。女人内心的烦恼究竟谁才能懂？

一、回答问题

1. 女人为什么不交朋友、不上班，天天做家务？

2. 女人到40岁时会发生什么事情？

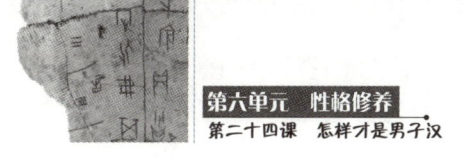

3. "黄脸婆"是什么意思？

4. 女人如果不结婚，不生孩子，好好工作，享受生活，会发生什么事情？

5. 女人的内心到底有什么烦恼？

6. 你愿意做第一种还是第二种女人？为什么？

7. 对女人来说怎么样才能享受生活、享受家、享受工作？

8. 你觉得做女人难吗？为什么？

9. 做男人累还是做女人累？为什么？

二、用所给的关键词语复述课文

家务　意见　嘲笑　黄脸婆　享受　有问题　真不知道怎么办才好　烦恼

三、用所给的关键词语做练习

外表　酷　内心　坚强　勇敢　大度　挣钱　改变　大概　真正

不知道……才好　嘲笑　有道理　一会儿……一会儿……　解释　意见

不料　看不起　究竟　不管……都……　代价　就+(人称代词)

算了吧　得了吧　有什么办法呢

1. 对话练习：你的朋友说做男人太累，压力太大，你不同意他的说法。

2. 讨论：如果可以选择，你愿意当女人还是男人？为什么？

听力练习

一、听后回答问题

1. A为什么说现在男女不平等？

2. 开始的时候B同意他的说法吗？后来呢？

3. A为什么觉得当男人很累？

4. 为什么男人即使很累也要装作没关系的样子？

二、听后复述短文

功能点练习

用所给的功能点完成对话

算了吧　就+(人称代词)　得了吧　有什么办法呢

1. A：结婚以后，我送给你一套大房子。

   B：＿＿＿＿＿＿＿＿，我不相信。

   A：真的，我赚了很多钱。

   B：＿＿＿＿＿＿＿＿？什么时候赚的钱？

2. A：被人骗了一百块钱，气死了！

   B：＿＿＿＿＿＿＿＿，别想那么多了。

   A：不想了，＿＿＿＿＿＿？

交际活动

1. 辩论：你觉得现代社会男女平等吗？为什么？

2. 问问你的朋友，如果给你选择的机会，你会选择做男人还是做女人？为什么？然后在课堂上报告你的调查结果。

单元总结

相信

1. 我相信

A：他真马虎。听说他以前在商店当售货员，把白糖当成红糖卖给顾客，还说红糖跟白糖差不多。

B：没错儿，我相信这是他干的事。他觉得任何事差不多就行了，何必那么认真呢，所以他天天都很高兴。（第二十一课）

不相信

1. 得了吧

丈夫：你以为我不想多陪孩子，可是，每天都有做不完的工作，我也挺烦恼的。

妻子：得了吧！（第二十四课）

怀疑

1. 不会吧

B：有一次，他肚子疼，痛苦得不得了，可是大夫却给他开错药了，吃了药，疼得更厉害了。他的家人要去医院骂那个大夫，他却说："算了，不就是多疼了一会儿吗？不要紧。"后来看见那个大夫还笑嘻嘻地打招呼呢。

A：哎呀，不会吧？（第二十一课）

意外

1. 什么

女朋友：咱们去喝咖啡，好不好？

男朋友：什么？这儿的咖啡太贵了，要是你想喝，我们到超市买咖啡，坐在公园里喝，既省钱又浪漫！（第二十二课）

责备

1. 哪有你这样的

A：这是"十"，不是"千"！

B：差不多吧。

A：差多了！五十块钱的东西能卖五千吗？哪有你这样的？（第二十一课）

2. 你怎么这么/那么……

你还振振有词。你怎么这么小气！（第二十二课）

吃惊

1. 天哪

天哪，哪有他这样的老板！（第二十一课）

抱怨

1. 你真是的

你真是的，一个月能省几块钱？（第二十二课）

列举

1. ……什么的

我是他的同屋，他有时也会送给我礼物、请我吃饭什么的。（第二十二课）

解释

1. ……是……的意思

"随便"是什么都可以的意思啊。（第二十三课）

轻视、看不起

1. 算什么+n.

A：这家日本料理不错吧？

B：算什么日本料理啊！一点儿都不地道，难吃死了，没劲。（第二十三课）

2. 就+(人称代词)

男生：那我怎样才能当男子汉呢？

女生：就你？你不管怎样都当不了男子汉！（第二十四课）

无奈

1. 现在说什么也晚了

好不容易考上大学，可是专业不好，以后找工作可不容易。唉，现在说什么也晚了，真郁闷！（第二十三课）

2. 有什么办法呢

妻子：你真是的，说好了要带孩子出去玩儿，却又要加班。

丈夫：我知道孩子对我意见挺大的，总说我说话不算数。可是有什么办法呢？（第二十四课）

听任

1. 算了吧

女生：你就会告诉老师，斤斤计较，你不是男子汉。

男生：那就算了吧。（第二十四课）

第七单元
家庭伦理

第七单元学习目标

　　本单元讨论亲情、代沟、孝顺以及老人问题、丁克与丁宠等家庭伦理相关的话题。

　　第二十五课，要求运用所学词语和功能点，学会介绍家庭成员之间的感情，简单阐述对孝悌的看法，并能听懂有关母爱的话题。

　　第二十六课，要求运用所学词语和功能点，能够描述家庭中代沟的现象，简单阐述对代沟的看法，并能听懂有关代沟的话题。

　　第二十七课，要求运用所学词语和功能点，学会描述父母对自己的感情，说明个人的家庭观念，简单讨论老龄化社会的问题，并能听懂有关孝顺的话题。

　　第二十八课，要求运用所学词语和功能点，能够说明自己养育子女的观念并简单阐述理由，阐述对丁克现象的看法，简单评价对养宠物的看法。并能听懂有关养孩子的话题。

第二十五课
一张忘取的汇款单
——感恩父母

热身

1. 父母对你好不好?

2. 你爱你的父母吗?
   你怎么表达对父母的关爱?

3. 父母老了,
   你怎么照顾他们?

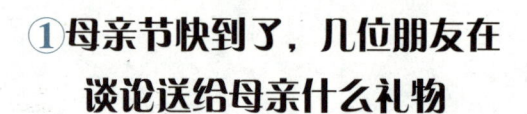

1 母亲节快到了，几位朋友在谈论送给母亲什么礼物

A：母亲节快到了，你会用什么方式表达对母亲的关爱呢？

B：我要给妈妈写一封信，也许不如打电话那么直接①，但这是我自己手写的，妈妈看了一定会高兴。

C：我要给妈妈做一张贺卡②，用五种不同颜色的彩笔写上"妈妈我爱你"，"爱"字中间有一个红色的"心"字。

D：我想给妈妈买件衣服。以前为了供我读书，妈妈总舍不得买衣服。

E：我没有什么时间陪妈妈或者给妈妈买东西，我去邮局给妈妈汇一千块钱。

F：好长时间没有回家了，能回家陪妈妈聊聊天儿就好了。

①直接 zhíjiē
directly

②贺卡 hèkǎ
greeting card

一、回答问题

1. B打算送给母亲什么礼物？
2. C打算送给母亲什么礼物？
3. D打算送给母亲什么礼物？
4. E打算送给母亲什么礼物？
5. F打算送给母亲什么礼物？
6. 你觉得谁的礼物最好？为什么？
7. 母亲节的时候，你会怎样表达你对妈妈的关爱？

第七单元　家庭伦理
第二十五课　一张忘取的汇款单

二、用所给的关键词语复述课文

关爱　不如　贺卡　供　舍不得　邮局　汇款　能……就好了

三、用所给的关键词语做练习

维持　供　破　零钱　笑脸　鄙夷　通过　汇款　不如　省　对于
邮递员　签字　骄傲　汇款单　过节　表达　关爱　祝福　并　藏　贺卡
舍不得　直接

1. 对话练习：你的妈妈生病了，你打算送妈妈一件特别的母亲节礼物。送什么礼物呢？跟朋友商量商量吧。

2. 你曾经送给母亲的最好的礼物是什么？为什么那个礼物是最好的？

❷ 老师批评儿子的话，到了母亲嘴里，常常会改变

老师：你儿子在椅子上连三分钟都坐不了，你最好①带他去医院看一看。

妈妈：老师说你原来在椅子上坐不了一分钟，现在能坐三分钟了，妈妈很骄傲。

老师：这次数学考试，全班50名同学，你儿子排在第40名，还不如以前。

妈妈：老师说你并不笨②，他相信你一定会通过努力取得好成绩③。

老师：按照你儿子现在的成绩，考重点高中恐怕有点儿难。

妈妈：老师对你非常满意，他说只要你努力，很有希望考上重点高中。

①最好……
"Had better..."
It expresses a suggestion.
表示建议。
■早上天气凉，你最好加一件外套。

②笨 bèn
stupid

③成绩 chéngjì
score, grade

④这下可好了
"This is so good!"
It means feeling relieved.
表示释然。
■这下可好了,你终于结婚了。

⑤欣赏 xīnshǎng
appreciate

妈妈：儿子，我相信你能考上重点大学，妈妈祝福你。

妈妈：这下可好了④，你终于考上了重点大学，妈妈真高兴！

儿子：妈妈，我知道我不是个聪明的孩子，可是，这个世界上只有你能欣赏⑤我，尽管那是鼓励我的话。

一、回答问题

1. 老师对儿子满意吗？为什么？
2. 妈妈听了老师的话以后，回去骂儿子了吗？妈妈对儿子说了什么？
3. 最后儿子怎么样了？他感谢妈妈吗？为什么？
4. 你觉得儿子能考上重点大学是因为他很聪明吗？如果不是，那是因为什么？
5. 你同意妈妈的做法吗？为什么？
6. 你做错事的时候，妈妈骂你还是鼓励你？
7. 你的父母欣赏你吗？他们常用什么办法教育你？

二、用所给的关键词语复述课文

最好　骄傲　不如　笨　成绩　按照　恐怕　满意　这下可好了
欣赏　尽管

三、用所给的关键词语做练习

情景　维持　供　破　零钱　笑脸　鄙夷　不如　对于　骄傲　汇款单
表达　关　祝福　并　藏　笨　聪明　欣赏　鼓励　这下可好了
最好……

1. 讨论：有一种说法是"孩子不打不骂不成才"，也有人认为应该欣赏孩子。你同意哪种做法？为什么？

③ 两个朋友在谈论空巢老人的问题

A：听说在农村，年轻人都去城市打工挣钱了，村子里只剩下老人和孩子，甚至不少家庭只有老人。

B：是啊，并不只是农村有这样的问题，在大城市也有不少家庭只有老人，孩子都不在身边，真可怜①。

A：没有孩子照顾，这些老人怎么生活呢？

B：有的孩子给父母汇款，有的过年过节时候给父母钱，他们的生活没有问题。

A：我并不是说钱的问题，而是说谁来关爱他们，难道就让他们这样孤独②地生活？

B：可是，年轻人也不能不工作啊，有什么办法呢？

①真可怜
"So pitiful!"
It expresses sympathy.
表示同情。
■这些孩子不能上学，真可怜。

②孤独 gūdú
lonely

一、回答问题

1. 现在农村和城市共同的问题是什么？
2. 老人们怎么生活？
3. 为什么关爱老人是个大问题？
4. 除了孤独以外，老人还会遇到什么问题？
5. 你觉得应该怎样去关爱老人？
6. 在你的国家，老人怎样生活呢？你觉得还有什么问题需要解决？

二、用所给的关键词语复述课文

打工　挣钱　并　真可怜　照顾　汇款　并不是……而是……　难道　孤独　关爱

三、用所给的关键词语做练习

发　情景　收废品　维持　供　破　零钱　笑脸　鄙夷　通过　汇款
不如　省　骄傲　汇款单　表达　关爱　退　去世　整理　遗物　祝福
并　这下可好了　最好……　真可怜

1. 在你的国家，老人怎样生活？你觉得还有什么问题需要解决？

听力练习

一、听后判断正误

1. 孩子昨天考试了。

2. 快考试了，妈妈让孩子今晚多看会儿书。

3. 孩子不想喝牛奶是因为他不喜欢喝牛奶。

4. 孩子嫌妈妈烦。

二、听后回答问题

1. 妈妈让孩子今晚做什么？

2. 妈妈为什么让孩子早点儿睡觉？

3. 孩子为什么嫌妈妈烦？

4. "我"觉得妈妈的爱像什么？为什么？

三、听后复述短文

功能点练习

用所给的功能点完成对话

最好……　这下可好了　真可怜

1. A：你怎么病成这样了？快去医院看看吧，_____。

　 B：是啊，我也觉得你_____。

　 C：没事儿，休息休息就好了。

2. A：你看，这是我们给孩子们捐的书和衣服。

B：我们＿＿＿＿＿＿＿，他们可以买一些需要的东西。

A：你说得没错。＿＿＿＿＿＿＿，孩子们又可以上学了。

交际活动

1. 问问你的同学，在母亲节都给母亲送过什么样的礼物？为什么送那个礼物？在课堂上报告你的调查结果。

2. 你认为应该如何解决"空巢老人"的社会问题？通过课下查资料，准备一个三分钟的发言，说明你的办法。然后在课堂上向大家报告。

第二十六课
母亲和女儿的信
——代沟

热身

> 这上面写的是什么?

> 这些都是明星给我签的名,写的是什么,我也说不清!

1. 你跟你的父母关系怎么样?有没有矛盾?为什么?
2. 你跟父母之间有代沟吗?
3. 如果你跟父母有了代沟,怎么办?

第七单元　家庭伦理
第二十六课　母亲和女儿的信

① 女儿要参加朋友的聚会，妈妈在帮她选衣服

母亲：你穿这件吧，又漂亮又大方①。

女儿：不行，这件衣服太保守了。……妈妈，这件怎么样？

母亲：穿这件？成什么样子②！颜色太奇怪了，你什么时候买的？

女儿：妈，你可真是越来越落伍③了……这件呢？

母亲：似乎有点儿薄，会不会太冷啊？

女儿：我一活动就会热，没问题。

母亲：天还没那么热，你还是穿这件吧，听妈妈的话，错不了④！

①大方 dàfang
in good taste

②成什么样子
"Look at you!"
It expresses blame.
表示责备。
■你怎么这样跟妈妈说话，成什么样子！

③落伍 luòwǔ
behind the times

④错不了
It won't be wrong.
表示有把握。
■听我的，错不了。

一、回答问题

1. 母亲觉得第一件衣服怎么样？
2. 女儿喜欢母亲的选择吗？
3. 女儿喜欢的衣服母亲有什么意见？
4. 你觉得女儿应该听母亲的意见还是坚持自己的意见？为什么？
5. 你做事情的时候，你的妈妈常给你提供意见吗？
6. 从什么时候开始，你不喜欢听妈妈的话？

二、用所给的关键词语复述课文

又漂亮又大方　保守　成什么样子　落伍　没问题　错不了

三、用所给的关键词语做练习

代沟　矛盾　渐渐　允许　即使……也……　唠叨　强迫　看法　交流
看来　青春期　叛逆　时尚　落伍　诱惑　一方面……另一方面……
似乎　成什么样子　错不了

1. 假如你是妈妈，你对孩子穿的衣服有什么意见？为什么？

② 妈妈在给女儿打电话

母亲：这么晚了，你还没回宿舍？

女儿：妈，我在准备明天的功课呢，别担心。

母亲：什么时候回宿舍啊？

女儿：再过一个小时，教室过一会儿才关灯呢。

母亲：现在已经很晚了，妈还是不放心①。

女儿：没事儿，我跟同学一块儿走。

母亲：同学？男的女的？

女儿：妈，看来你不是担心我回去太晚。

①不放心
Cannot set one's heart at rest.
表示担心。
■你一个人在国外，妈妈真不放心。

一、回答问题

1. 女儿为什么还没回宿舍？
2. 她打算什么时候回去？
3. 母亲不放心什么？
4. 妈妈最担心的事是什么？
5. 你的妈妈要求你最晚回家的时间了吗？是几点？如果你没有遵守，她会怎么样？
6. 你有了第一个男朋友/女朋友的时候，告诉你的妈妈了吗？

二、用所给的关键词语复述课文

宿舍　别担心　即使……也……　不放心

三、用所给的关键词语做练习

代沟　矛盾　渐渐　允许　催　即使……也……　唠叨　早恋　强迫
看法　交流　看来　功课　成才　将来　青春期　叛逆　分析　判断
能力　控制　一方面……另一方面……　似乎　反复　竞争　激烈
诱惑　成什么样子　错不了　不放心

1. 对话练习：你发现妈妈偷看你的日记，你打电话的时候她也总是留意听，你特别生气，你们会说什么？
2. 对话练习：如果妈妈发现你早恋了，你们会说什么？

③ 父子两个因为儿子报考什么专业而争论

父亲：儿子，今天我跟你们老师交流了看法，你就报考法律①专业②吧。

儿子：爸爸，我不愿意当律师③。

父亲：多好的专业啊！爸爸当年要是有选择的机会，一定读这个专业。

儿子：可是我不喜欢啊！

父亲：你知道什么？兴趣能当饭吃吗？现在的社会竞争多激烈啊，你得考虑以后找工作的情况。

儿子：爸爸，求求你④，别强迫我，让我自己决定吧！我已经长大了，有自己的分析和判断能力了。

父亲：爸爸做这一切可都是为了你将来能够成才啊，你好好想想吧。

①法律 fǎlǜ
law

②专业 zhuānyè
major

③律师 lǜshī
lawyer

④求求你
Please!
表示请求。
■妈妈，求求你，再给我一次机会吧。

一、回答问题

1. 父亲替儿子决定了什么？
2. 儿子喜欢这个决定吗？
3. 父亲为什么觉得儿子应该学这个专业？
4. 儿子为什么反对父亲的意见？
5. 你觉得儿子对还是父亲对？
6. 你能理解父亲的做法吗？
7. 你的专业是自己选的吗？你喜欢吗？

二、用所给的关键词语复述课文

交流　看法　专业　愿意　你知道什么　竞争　激烈　求求你　强迫
分析　判断　成才

三、用所给的关键词语做练习

代沟　矛盾　渐渐　允许　催　即使……也……　唠叨　强迫　看法
交流　看来　功课　可恨　成才　将来　青春期　叛逆　分析　判断
能力　控制　一方面……另一方面……　似乎　反复　竞争　激烈
诱惑　求求你　你知道什么　错不了　不放心　没问题　成什么样子

1. 对话练习：你不想读大学了，想去工作。但是你的父母希望你继续读大学，因为将来可以找到更好的工作。
2. 对话练习：你的父母强迫你读他们喜欢的专业，你们会说什么？

听力练习

一、听后判断正误

1. A的妈妈从来不问她给谁打电话。
2. 妈妈想知道孩子跟谁打电话是因为关心孩子的朋友。
3. 孩子现在读高中了。
4. 妈妈希望C多休息，注意身体。

二、听后回答问题

1. A接电话的时候她的妈妈问她什么？
2. B的妈妈为什么偷听她打电话？
3. B会早恋吗？为什么？
4. C的妈妈常常唠叨什么？

三、听后复述短文

功能点练习

用所给的功能点完成对话

成什么样子　错不了　不放心　求求你

1. A：你一个人去那么远的地方，＿＿＿＿＿＿＿＿。

   B：我已经十八岁了，没问题。

   A：我还是陪你去吧。

   B：要是让别人看见你送我上学，＿＿＿＿＿＿＿＿？

2. A：我真的喜欢爬山，＿＿＿＿＿＿，让我去吧。

   B：那里太危险了，＿＿＿＿＿＿。

   A：妈妈！

   B：听妈妈的，＿＿＿＿＿＿。

交际活动

1. 采访几个大学生，问问他们和父母的关系。父母干涉他们找男朋友或女朋友吗？父母帮他们选大学、选专业吗？在课堂上，结合你自己的看法，报告你的调查结果。

2. 问问你的朋友，在他们看来，怎样的父母才是好父母；再问问几位父母，什么样的孩子是好孩子。然后在课堂上报告你的调查结果。

第二十七课
来吃饭的是父母
——谈孝顺

热身

1. 什么是孝顺？你怎么孝顺父母？
2. 孝顺父母是不是一定要跟他们一起住，照顾他们？
3. 在老龄化社会里，我们可以怎样帮助老人？

第七单元　家庭伦理
第二十七课　来吃饭的是父母

① 两个老太太在谈论自己的儿子

A：这一定是你儿子给你买的手表吧？档次不低啊！

B：手表马马虎虎吧①，儿子真的很孝顺。唉，你儿子也不错嘛，听说还专门给你请了个保姆②。

A：可是，我让保姆走了。

B：怎么回事？

A：儿子应酬多，没时间陪我，想让保姆陪我聊聊天儿。其实他不知道，我是想跟他聊聊天啊。

①马马虎虎吧
Just so-so.
表示谦虚。
■A：你的衣服真漂亮！
　B：马马虎虎吧。

②保姆 bǎomǔ
housekeeper

一、回答问题

1. A的儿子孝顺吗？为什么这么说？
2. B的儿子怎么样？
3. A为什么让保姆走了？
4. 你觉得A的行为可以理解吗？
5. 给父母买东西、请保姆是不是孝顺？
6. 听父母的话是不是孝顺？
7. 你觉得应该孝顺父母吗？你是怎么孝顺父母的？

二、用所给的关键词语复述课文

一定……吧　档次　马马虎虎吧　孝顺　保姆　一点也/都不　悄悄　应酬

三、用所给的关键词语做练习

急事　预定　火锅　套餐　发愁　是否　主意　答应　承认　事实　应酬　倒　否定　怀疑　夸　档次　不安　小区　到处　炫耀　顿　孝顺　悄悄　疑问代词表任指　一点也/都不　马马虎虎吧

1. 假如你老了，你希望你的孩子怎么孝顺你？请谈谈你的看法。
2. 讨论：有人说，听父母的话就是孝顺，你觉得呢？

---

① 老人院 lǎorényuàn
home for the aged

② 哪像你说的那样
It's nothing like that.
表示纠正别人的说法。
■ A：听说你们美国人都很有钱。
　B：哪像你说的那样？美国也有穷人。

③ 我不同意你的说法
I don't agree with you.
表示反对。
■ A：我觉得听父母的话就是孝顺。
　B：我不同意你的说法。

② 中国人与留学生谈论如何孝顺父母

A：听说美国人老了以后都住老人院①。

B：哪像你说的那样②？有些老人住老人院，有些自己住，他们一般不跟孩子一起住。

A：在中国人看来，孝顺的孩子应该跟父母住在一起，照顾他们。

B：我不同意你的说法③。老人住在哪儿，孩子都可以孝顺他们。住在老人院可以享受自己的生活，要是有什么急事，孩子也可以照顾他们。

A：没错儿。在中国也有越来越多的老人不跟孩子一起住。

一、回答问题

1. A听说美国人老了以后住哪里？
2. B觉得A说得对吗？美国的老年人住在哪儿？
3. 中国人认为什么是孝顺的孩子？
4. B觉得住老人院怎么样？为什么？A同意他的看法吗？

5. 现在中国的老人跟孩子一起住吗?
6. 你现在和父母一起住吗?
7. 你结婚以后打算和父母一起住吗?为什么?
8. 如果你有了孩子,你会请父母帮忙照顾吗?
9. 你觉得让父母住老人院是不是不孝顺?

二、用所给的关键词语复述课文

老人院　哪像你说的那样　在……看来　孝顺　我不同意你的说法
享受　急事　倒

三、用所给的关键词语做练习

急事　巧　发愁　是否　主意　答应　承认　事实　应酬　倒　否定
怀疑　夸　档次　不安　到处　炫耀　顿　孝顺　悄悄　一点也/都不
疑问代词表任指　马马虎虎吧　哪像你说的那样　我不同意你的说法

1. 对话练习:男朋友说,结婚以后应该跟父母住在一起,孝顺他们,女朋友不同意他的说法。

③ 两位老人谈论老龄化社会的问题

A:我们这小区,到处都能看到老人,真是进入老龄化①社会了。

B:这种说法一点儿也不夸张②,谁都得承认这个事实。

A:以前中国人要养儿防老③,但是现在大部分家庭是独生子女,一个孩子怎么能够照顾两个老人呢?

B:而且社会的竞争也越来越激烈,孩子们的压力也特别大,真不想给他们添麻烦。

①老龄化 lǎolínghuà
aging of population

②夸张 kuāzhāng
exaggerate

③养儿防老
　yǎng ér fáng lǎo
To raise sons means for some Chinese people to support them in their old age.

④这样吧
"OK, then..." It's used to make a suggestion.
表示建议。
■A:这样吧,今天就住在这里,好不好?
B:好吧。

A：可是老人自己住也有不少问题，看病难，生活需要照顾，更重要的是寂寞，连个说话的人都没有。

B：谁说不是呢。唉，这样吧④，咱们去老人院，怎么样？

一、回答问题

1. A谈到一个什么社会问题？他为什么这样说？B同意吗？
2. 中国人以前有什么观念？现在还可以这样吗？为什么？
3. 为什么说现在中国孩子的压力很大？
4. 老人自己住有什么问题？
5. B有什么建议？
6. 你觉得造成人口老龄化的原因有哪些？
7. 你的国家是不是老龄化社会？这带来了什么问题？你的国家是怎么解决这些问题的？

二、用所给的关键词语复述课文

到处　老龄化　疑问代词表任指　一点也/都不　夸张　承认　养儿防老
独生子女　竞争　压力　寂寞　这样吧

三、用所给的关键词语做练习

上司　预订　包间　急事　巧　发愁　响　是否　主意　答应　承认
事实　应酬　倒　否定　怀疑　夸　档次　不安　敬酒　小区　到处
炫耀　顿　孝顺　悄悄　老龄化　养儿防老　赡养　抚养
疑问代词表任指　一点也/都不　这样吧　马马虎虎吧
哪像你说的那样　我不同意你的说法

1. 讨论：假如你是老人，你希望社会能给你什么帮助？假如你是市长，你会有哪些办法解决老龄化社会的问题？

第七单元　家庭伦理
第二十七课　来吃饭的是父母

听力练习

一、听后判断正误

1. 短文里说话的人是妻子。
2. 儿子是一家公司的职员，工作非常忙。
3. 儿子好久没回来看我了，我很生气。
4. 儿子小时候很喜欢跟我聊天。

二、听后回答问题

1. 儿子为什么没时间回来看我？
2. 我想儿子的时候做些什么？
3. 我担心儿子什么？
4. 我希望儿子做什么？

三、听后填空

1. 儿子是一家公司的老板，总是有很多_____，忙得不得了。
2. 我有时想去他的公司_____地看看他。
3. 我想让儿子跟我好好聊聊他的_____，他的_____。

四、听后复述短文

功能点练习

用所给的功能点完成对话

马马虎虎吧　　哪像你说的那样　　我不同意你的说法　　这样吧……

1. A：听说你不喜欢我们的中国货。

   B：_____？中国货又好又便宜，谁不喜欢？中国人真聪明！

   A：_____。

199

2. A：孝顺的孩子应该跟父母住在一起。

　　B：_____，我没跟父母一起住，可是也很孝顺。

　　A：你说得也有道理。可是到底怎样做才是孝顺呢？

　　B：我也说不清楚。_____，我们去问问父母的看法。

交际活动

问问你的朋友，应该怎样做才是孝敬父母？在课堂上报告你的调查结果。

第七单元　家庭伦理
第二十八课　丁克和丁宠

第二十八课
丁克与丁宠

热　身

1. 你喜欢孩子吗？你想生孩子吗？
2. 生孩子对你的生活会有什么影响？
3. 你喜欢养宠物吗？养宠物跟养孩子一样吗？

① 母亲劝儿子赶快生孩子，儿子却说要丁克

母亲：趁着我们还年轻，能帮你们照顾孩子，赶快①生一个吧！

儿子：您别操心了，我们决定了②，不想要孩子。

母亲：不要？你想气死我吗？我们可只有你一个儿子，靠你传宗接代呢！

儿子：什么传宗接代？您的老观念得改改了。再说，我们现在太忙，哪儿有精力养孩子啊？您难道不想让儿子自由自在，轻轻松松地生活？

母亲：现在倒是自由自在了，你们俩老了呢？

儿子：老了也用不着孩子养老。

①赶快
hurry up
表示催促。
■九点了，赶快起床吧。

②（某人）决定了
Someone has made his/her decision.
表示决定。
■我决定了，暑假不回家了。

一、回答问题

1. 母亲希望儿子做什么？为什么？
2. 儿子愿意吗？他决定什么了？为什么？
3. 母亲为什么生气？
4. 你赞同母亲还是赞同儿子？为什么？
5. 你结婚以后要孩子吗？要几个？为什么？
6. 你觉得要孩子有什么好处？不要孩子有什么好处？

二、用所给的关键词语复述课文

趁(着) 赶快 操心 （某人）决定了 传宗接代 观念 精力
自由自在 用不着 养老

三、用所给的关键词语做练习

丁克　趁(着)　俩　动静　操心　婴儿　祝贺　保姆　遛狗　亲热　对待　近年来　生育　传宗接代　观念　质量　自由自在　养　精力　用不着　养老　增加　描述　宠物　地位　以及　待遇　差　不比　(某人)决定了　赶快

1. 你的朋友不想要孩子，你不赞同她的做法，跟她谈谈吧。

② 妈妈的真心话

以前，担心①孩子会花费我们的金钱、时间以及精力；担心有了孩子会降低我们的生活水平，换不了大房子，买不起②汽车；担心有了孩子会让我们失去个性，不能自由自在；更担心生完孩子身材不比从前，外表不再美丽。

现在，这些担心都用不着了，因为，我有了一个天使③般的女儿！

①担心(某事)
worry about
表示担心。
■我担心明天的考试太难。

②买不起 mǎi bù qǐ
can not afford

③天使 tiānshǐ
angel

一、回答问题

1. 说话的是什么人？
2. 她以前常常担心什么？
3. 她现在还担心吗？为什么？
4. 你能理解她以前担心的那些问题吗？为什么？
5. 孩子会给一个家庭带来什么？

二、用所给的关键词语复述课文

担心　精力　买不起　个性　自由自在　身材　用不着　天使　祝贺

三、用所给的关键词语做练习

丁克　丁宠　趁(着)　俩　动静　操心　婴儿　祝贺　保姆　遛狗
亲热　对待　观念　质量　自由自在　养　精力　用不着　养老　增加
地位　以及　待遇　差　天使　不比　担心　赶快　(某人)决定了

1. 想象一下，孩子会给一个家庭带来什么变化？并比较一下好处多还是坏处多。
2. 对话练习：妻子不想生孩子，丈夫很生气。

3 丁宠夫妻谈宠物给生活带来的变化

丈夫：有了小猫和小狗，我觉得我们的生活变得有意思了，俩人的共同话题①多了起来，乐趣也多了。

妻子：是啊，有了它们以后，其实也就像有了女儿和儿子一样，精神上也满足了。

丈夫：而且，养小猫小狗比养孩子轻松多了，不用操那么多心，更不用承担很大的责任。

妻子：不过，养宠物和养孩子付出的感情、花的钱都差不多，它们在家里的待遇一点儿都不比孩子差。

丈夫：你看，有付出就有收获，它们看见我俩可亲热了。

妻子：早知养宠物这么有意思，就早点儿养了②。

①话题 huàtí
topic

②早知……，就……了
"If I knew..., I would have..." It's used to express one's regret.
表示后悔（没做某事）。
■早知你已经买了菜，我就不买了。

第七单元 家庭伦理
第二十八课 丁克和丁宠

一、回答问题

1. 丈夫觉得小猫小狗对他们的生活有什么影响？
2. 妻子同意吗？
3. 丈夫觉得养宠物轻松还是养孩子轻松？为什么？
4. 妻子觉得养宠物付出的感情比较少吗？花的钱呢？
5. 你喜欢养宠物吗？你养过什么宠物？养宠物有什么好处？
6. 养宠物跟养孩子相比，有什么相同和不同之处？
7. 你觉得养宠物能代替养孩子吗？为什么？

二、用所给的关键词语复述课文

俩　话题　精神　轻松　操心　养　承担　责任　待遇　不必　差　亲热
早知……，就……了

三、用所给的关键词语做练习

丁克　丁宠　趁（着）　俩　动静　操心　婴儿　祝贺　保姆　遛狗
亲热　对待　近年来　生育　传宗接代　观念　质量　自由自在　养
精力　用不着　养老　增加　描述　宠物　地位　以及　待遇　差
不比　赶快　担心　早知……，就……了　（某人）决定了

1. 对话练习：你想养一条小狗，但是你妈妈不同意。
2. 讨论：养孩子好还是养宠物好呢？谈谈你们的看法。

听力练习

一、听后判断正误

1. 他们现在已经生了一个孩子。
2. 老婆喜欢自由自在地到处去玩儿。
3. 他们家现在已经有一辆车了。
4. 几年以后汽车更贵了。
5. 男人担心妻子生了孩子以后身材会变。

二、听后回答问题

1. 他们打算请谁帮他们照顾孩子？
2. 他们打算以后带孩子做什么？
3. 为什么他们过几年才能买车？
4. 丈夫想让妻子生孩子吗？
5. 妻子想生孩子吗？为什么？

三、听后复述短文

功能点练习

用所给的功能点完成对话

赶快　担心(某事)　(某人)决定了　早知……,就……了

1. A：已经三十多岁了，＿＿＿＿＿＿找个男朋友结婚吧。

   B：结婚？＿＿＿＿＿＿，不结婚。

   A：真的吗？你妈妈一定＿＿＿＿＿＿。

   B：那还用说。

   A：可是，一个人生活多没意思啊！

   B：跟我妈说的话一样。＿＿＿＿＿＿，就不告诉你了。

交际活动

1. 问问你的同学，结婚以后，希望生孩子吗？生几个孩子？为什么？然后在课堂上报告你的调查结果。

2 辩论：宠物真的能代替自己的孩子吗？

单元总结

建议

1. 最好……

你儿子在椅子上连三分钟都坐不了,你最好带他去医院看一看。

(第二十五课)

2. 这样吧……

A: 可是老人自己住也有不少问题,看病难,生活需要照顾,更重要的是寂寞,连个说话的人都没有。

B: 谁说不是呢。唉,这样吧,咱们去老人院,怎么样?(第二十七课)

释然

1. 这下可好了

这下可好了,你终于考上了重点大学,妈妈真高兴!(第二十五课)

同情

1. 真可怜

是啊,并不只是农村有这样的问题,在大城市也有不少家庭只有老人,孩子都不在身边,真可怜。(第二十五课)

责备

1. 成什么样子

穿这件?成什么样子!颜色太奇怪了,你什么时候买的?(第二十六课)

有把握

1. 错不了

天还没那么热,你还是穿这件吧,听妈妈的话,错不了!(第二十六课)

担心

1. 不放心

女儿：再过一个小时，教室过一会儿才关灯呢。

母亲：现在已经很晚了，妈还是不放心。（第二十六课）

2. 担心(某事)

以前，担心孩子会花费我们的金钱、时间以及精力。（第二十八课）

请求

1. 求求你

爸爸，求求你，别强迫我，让我自己决定吧！我已经长大了，有自己的分析和判断能力。（第二十六课）

谦虚

1. 马马虎虎吧

A：这一定是你儿子给你买的手表吧？档次不低啊！

B：手表马马虎虎吧，儿子真的很孝顺。（第二十七课）

纠正

1. 哪像你说的那样

A：听说美国人老了以后都住老人院。

B：哪像你说的那样？有些老人住老人院，有些自己住，他们一般不跟孩子一起住。（第二十七课）

反对、不赞成

1. 我不同意你的说法

A：在中国人看来，孝顺的孩子应该跟父母住在一起，照顾他们。

B：我不同意你的说法。老人住在哪儿，孩子都可以孝顺他们。

（第二十七课）

催促

1. 赶快

母亲：趁着我们还年轻，能帮你们照顾孩子，赶快生一个吧！（第二十八课）

决定

1. (某人)决定了

母亲：趁着我们还年轻，能帮你们照顾孩子，赶快生一个吧！

儿子：您别操心了，我们决定了，不想要孩子。（第二十八课）

后悔

1. 早知……，就……了

早知养宠物这么有意思，就早点儿养了。（第二十八课）

第八单元

社会问题

第八单元学习目标

　　本单元讨论交通、环保、贫富与浪费、广告等社会问题相关的话题。

　　第二十九课，要求运用所学词语和功能点，能够说明并评价城市道路和交通情况，叙述堵车的经历，简单探讨解决交通问题的办法，并能听懂汽车有关的话题。

　　第三十课，要求运用所学词语和功能点，学会描述一些常见的环境问题，能够简单阐述个人对环境问题的看法，并能听懂有关环保的话题。

　　第三十一课，要求运用所学词语和功能点，学会简单讨论过分包装的问题，能够描述所见的贫富不均的现象并作简单分析，并能听懂有关节日与礼品价钱的话题。

　　第三十二课，要求运用所学词语和功能点，学会分析并说明广告在日常生活中的作用及影响，并能听懂有关广告的话题。

第二十九课
困扰中国大城市的新问题
——汽车

热身

1. 你看到过堵车吗?
2. 为什么会堵车?有什么解决的办法?
3. 汽车改变了我们的生活吗?

① 两个同事谈堵车

A：哎呀，又差点儿迟到了！
B：你就不能早点儿出门吗？
A：其实天没亮我就出门了，没想到大家都起得特别早，路上早就堵上了，马路都快成停车场①了！
B：是够烦的。
A：看样子这几年修路、修立交桥没什么用啊！
B：可不是②！不过，我觉得最根本的问题是人们根本不遵守交通规则，交通太乱③，不堵车才怪呢！

---

① 停车场 tíngchēchǎng
parking lot

② 可不是
"Exactly." It expresses agreement.
表示赞成。
■A：现在汽车越来越便宜了。
　B：可不是，很多人都买得起了。

③ 乱 luàn
in a mess

一、回答问题

1. A迟到了吗？B给她什么建议？
2. A起床晚了吗？在她上班的路上发生了什么事情？
3. 堵车的时候，马路上怎么样？A希望怎么办？
4. 为了改善交通，这几年做了什么事情？有效果吗？
5. B觉得根本问题在哪里？
6. 你遇上过堵车吗？请讲一讲堵车的时候马路上什么样子。
7. 在你的国家，也有堵车的问题吗？为什么？
8. 你觉得堵车的根本原因是什么？车太多？车的速度太慢？路不够宽、不够好？人们不遵守交通规则？
9. 你觉得怎样能解决堵车的问题？

第八单元　社会问题
第二十九课　困扰中国大城市的新问题

二、用所给的关键词语复述课文

差点儿　没想到　停车场　恨不得　修(路)　立交桥　可不是　交通　遵守　规则　乱

三、用所给的关键词语做练习

解决　改革　水平　提高　由于……　因此……　交通　堵塞　寸步难行　污染　恨不得　修(路)　数量　宽度　立交桥　根本　发展　速度　再说　土地　改进　红绿灯　不妨　统一　减少　政府　公车　遵守　规则　闯　停车场　可不是

1. 对话练习：现在是下班高峰，你的朋友要赶时间去机场，你会给他什么建议？你们会说什么？
2. 讨论：假如你是市长，你有什么办法可以缓解堵车现象？假如你是市民（citizen），你有什么好建议？

② 小学要开设交通安全课

A：听说了吗？小学要开设交通安全①课了。

B：看红绿灯过马路，这么简单的事谁都知道，难道还需要上课？

A：我不这样认为②，过马路可不是一件容易的事，我常常看见不遵守交通规则的行人和车子，多危险啊！因此，孩子应该学习交通安全知识。

B：你说得有道理，交通安全教育应该从孩子开始。再说，也许还可以解决堵车的问题呢。

A：那倒说不好③。

①安全 ānquán
safe

②我不这样认为
I don't think so.
表示反对。
■A：她这个人真讨厌！
　B：我不这样认为。

③说不好
"It's hard to say."
It means being unsure of something.
表示没把握。
■A：明天会不会还下雨？
　B：说不好。

一、回答问题

1. A说小学要开设什么课？
2. B觉得需要上课吗？为什么？
3. A同意他的看法吗？A觉得过马路容易吗？
4. 最后，B同意A的说法吗？
5. B还希望解决什么问题？A觉得可以解决吗？
6. 你觉得过马路难吗？为什么？
7. 你觉得应该开这个课吗？你上过这样的课吗？
8. 只有小学生需要上这个课吗？为什么？

二、用所给的关键词语复述课文

听说了吗 交通 安全 红绿灯 遵守交通 规则 有道理 堵车 说不好

三、用所给的关键词语做练习

解决 水平 提高 由于……因此…… 交通 堵塞 寸步难行 污染 恨不得 修（路） 立交桥 根本 发展 速度 再说 土地 改进 红绿灯 不妨 统一 减少 政府 遵守 规则 闯 我不这样认为 说不好 可不是

1. 讨论：你觉得遵守交通规则是一件很重要的事吗？你有什么办法让人们注意到这个问题，并遵守交通规则？

③ 夫妻两个商量买车

妻子：今年收入高了，咱也买辆车吧！

丈夫：我看过两年再买吧。现在每天堵车堵得寸步难行，怎么开车啊？

妻子：坐公交车不也堵车吗！

丈夫：可是，要是大家都不开车呢？

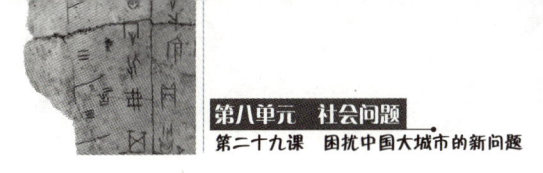

第八单元 社会问题
第二十九课 困扰中国大城市的新问题

妻子：那可不好说①。再说，公共交通发展速度不够快，上下班坐公交车，人都挤得跟相片②似的，难受死了，自己开车多舒服啊！

丈夫：好吧，听你的，咱买一辆车试试，怎么样？

妻子：算了吧，这么堵车，还不如买飞机呢！

①不好说
"It's hard to say."
It means being unsure of something.
表示没把握。
■A：你觉得明天的考试会难吗？
　B：那可不好说。

②相片 xiàngpiàn
photo

一、回答问题

1. 妻子建议什么？为什么？
2. 丈夫同意吗？为什么？
3. 妻子喜欢坐公交车吗？
4. 丈夫决定了什么？妻子同意吗？
5. 他们真的要买飞机吗？妻子这么说是什么意思？
6. 你喜欢坐公交车吗？为什么？
7. 自己开车和乘坐公共交通，分别有什么优点、缺点？
8. 汽车对你的生活有什么影响？

二、用所给的关键词语复述课文

寸步难行　不好说　交通　发展　速度　挤　相片　算了吧

三、用所给的关键词语做练习

解决　改革　水平　提高　由于……因此……　交通　堵塞　寸步难行
污染　恨不得　修(路)　数量　宽度　立交桥　根本　发展　速度
再说　土地　改进　红绿灯　不妨　统一　减少　政府　公车　遵守
规则　闯　自行车　地铁　公交车　出租汽车　不好说　说不好
我不这样认为　可不是

1. 讨论：如果你要在中国生活很长时间，你会买车吗？你选择什么交通工具？
2. 对话练习：夫妻两个人，对于是否买车有不同的意见。

听力练习

一、听后判断正误

1. 我买了一旧车。

2. 我决定开车去很远的地方买菜。

3. 这个时间还不堵车。

4. 我等了半个小时才找到停车位。

5. 我开车去买菜省了很多时间。

二、听后回答问题

1. 我为什么想开车去买菜?

2. 为什么我后悔开车去买菜了?

3. 为什么到了超市我又等了半个小时?

4. 这些事情都做完以后,我感觉怎么样?

三、听后复述短文

功能点练习

用所给的功能点完成对话

可不是　我不这样认为　说不好　不好说

1. A:买车的人越来越多了。

　　B:_____,我的很多朋友都买了新车,有了车方便多了。

　　A:_____,堵车多厉害啊,一点儿都不方便。

　　B:不买车就不堵车了吗?

　　A:_____。

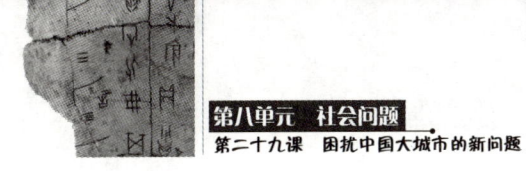

第八单元　社会问题
第二十九课　困扰中国大城市的新问题

交际活动

1. 请访问五位中国人，问问他们家里有没有汽车？有几辆汽车？什么时候用？如果没有汽车，用什么交通工具？为什么？把你的调查结果报告给同学们。

2. 辩论："为了保护环境，应该发展公共交通"还是"为了经济发展，应该鼓励购买私人汽车"？

第三十课
牛的母爱
——保护环境，从我做起

热身

1. 生活中你注意到什么环境问题？
2. 你觉得现在世界上最大的环境问题是什么？
3. 你是一个注意环保的人吗？你有什么保护环境的做法？

① 两个朋友谈论缺水问题

A：你知道吗①？全世界②每天有四千五百个儿童因为缺水病死。

B：真的吗？每天四千多？这么严重？

A：没错儿！刚听到这个消息时，我也不敢相信。孩子们太可怜了，真为他们难过③。

B：我们能做些什么来帮助他们呢？

A：我也想过，但是实在想不出什么好办法。

B：水？要是能给他们送去水该多好啊！

A：恐怕太难了。对了，如果我们能让每个人都节约用水，缺水的情况是不是可以得到改善④呢？

B：对啊，我们不知不觉就浪费了很多水。

①你知道吗
"Do you know that...?"
It's used to start a topic.
用来开始话题。
■你知道吗？他买了一辆新车。

②全世界 quán shìjiè
all over the world

③为(某人)难过
feel sorry for sb.
表示同情。
■A：听说孩子因为没钱不能上学。
　B：真的吗？真为他们难过。

④改善 gǎishàn
improve

一、回答问题

1. 全世界每天因缺水而死的儿童有多少？
2. 他们知道这个消息以后感觉怎么样？
3. 他们最后想出什么办法来帮助孩子们？
4. 你了解世界上的缺水问题吗？
5. 听到他们所说的消息，你有什么想法？
6. 你节约用水吗？你有哪些浪费水的行为？
7. 你能想到什么节水的好办法？

二、用所给的关键词语复述课文

你知道吗　全世界　真的吗　没错儿　为(某人)难过　实在　要是……该多好啊　恐怕　改善　浪费

三、用所给的关键词语做练习

真实　本来　沙漠　牲畜　珍贵　唯一　立即　整整　道歉　悲哀　不但不……反而……　违反　规定　处分　倒　沙堆　受伤　贪婪　舔　你知道吗　为（某人）难过

1. 讨论：什么原因造成水资源的减少？除了节约用水以外，还有什么办法能保护水资源？
2. 对话练习：为了不浪费资源，据说在美国有些人专门拣超市扔掉的东西生活，而且生活得很好。你和朋友对他们的行为有不同的看法。

② 几个朋友在饭馆吃饭

A：服务员，有没有普通筷子？

B：普通筷子是反复使用的，你不担心不卫生吗？

C：听说一次性筷子不但不卫生，反而比普通筷子更危害①健康。

A：卫生不卫生倒无所谓②，我不用一次性筷子是因为用一次就扔掉，太浪费了。再说，中国森林本来就少，一次性筷子用得越多，森林就越少，沙漠面积就越大。

C：看来这小小的筷子带来的问题可真不少。

①危害 wēihài
do harm to

②无所谓
"It does not matter if..."
It means one cares nothing.
表示不在乎。
■挣多少钱无所谓，但是，一定要有意思。

一、回答问题

1. A向服务员要什么？
2. B担心什么？
3. C觉得哪种筷子更卫生？

4. A为什么不用一次性筷子？

5. 用一次性筷子，会带来什么问题？

6. 你常用普通筷子还是一次性筷子？为什么？

7. 除了一次性筷子，我们还常用什么一次性的东西？这会带来什么问题？

8. 你有什么办法鼓励人们不用或者少用一次性用品？

二、用所给的关键词语复述课文

反复　不但不……反而……　危害　无所谓　浪费　森林　沙漠　看来

三、用所给的关键词语做练习

真实　本来　沙漠　珍贵　唯一　立即　沉默　整整　道歉　悲哀

不但不……反而……　违反　规定　处分　倒　贪婪　塑料袋

环保袋　一次性　无所谓　你知道吗　为(某人)难过

1. 你和朋友一起吃饭时，你带来了自己的筷子，朋友觉得很奇怪。你会怎么跟他解释？

2. 辩论：超市里的塑料袋该不该收费？

③ 几个朋友在饭馆吃饭，一个朋友不吃肉

A：你怎么不吃肉？

B：我本来也吃肉，可是后来我觉得所有的动物都是人类的朋友，就再也不吃肉了。

C：你也太过分了吧，我们吃的又不是野生①动物。

B：我知道，不过我现在已经习惯了。对了，现在餐馆里还有野生动物吗？

C：听说不但没减少，反而比以前更多了。

A：是真的②！听说前几天在一家高档餐馆里找出了一百多只珍贵的野生动物。

①野生 yěshēng
wild

②是真的
"That's true!" It's used to affirm.
表示相信。
■A：听说你的同屋病得很厉害。
　B：是真的，他已经住院了。

一、回答问题

1. B吃肉吗？为什么？

2. C赞成他的做法吗？为什么？

3. 野生动物可以吃吗？

4. 现在餐馆里还有野生动物吗？

5. 你喜欢动物吗？

6. 你是素食主义者吗？

7. 你觉得为什么有的人喜欢吃野生动物？吃野生动物有什么问题？

二、用所给的关键词语复述课文

肉　本来　再也不　过分　野生动物　习惯　不但不……反而……　是真的

三、用所给的关键词语做练习

真实　本来　军队　牲畜　珍贵　挣　缰绳　唯一　立即　刹车　沉默　驱赶　整整　道歉　悲哀　不但不……反而……　违反　规定　处分　倒　受伤　贪婪　舔　是真的　你知道吗　为(某人)难过　无所谓

1. 讨论：你觉得有什么办法可以减少餐桌上的野生动物？

听力练习

一、听后判断正误

1. 我们村现在很美丽。

2. 我们村以前有很多花草。

3. 我们村的草和树都在不断增加。

4. 我们村很少刮风沙。

5. 我们村的人越来越多了。

二、听后回答问题

1. 我们村以前是什么样的?
2. 我们村后来发生了什么变化?
3. 为什么村里很多人离开了?

三、听后复述短文

功能点练习

用所给的功能点完成对话

你知道吗　无所谓　为(某人)难过　是真的

1. A：听说你的女朋友跟你分手了。

   B：_____，那是昨天的事。

   A：_____，你要想开点儿。

   B：谢谢,不过我不难过,我觉得_____。

2. A：_____? 明天可能会下大雨!

   B：我听说了。

交际活动

1. 造纸厂污染了环境,可是给当地农民带来了就业机会和较高的收入,到底要不要关掉这个造纸厂呢?请同学们分角色扮演:老板、农民、政府工作人员、环保组织等来讨论这个问题。

2. 问问你的朋友有什么保护环境的好办法。把你搜集到的办法整理一下,在课堂上向大家介绍。

第三十一课
穷人的中秋节
——谈贫困与浪费

热身

1. 送礼物的时候,你喜欢怎样包装的礼物?为什么?

2. 在特别的节日里,礼物总是贵得离谱,你怎么办呢?

3. 如果你吃不饱、穿不暖,上不起学,该怎么办呢?

第八单元　社会问题
第三十一课　穷人的中秋节

① 夫妻俩感慨买不起月饼

丈夫：快到中秋节了，去超市记着①顺便买盒月饼。

妻子：本来昨天就想买，可是都贵得离谱，得好几百块。

丈夫：到底怎么回事？

妻子：明明只有几块月饼，却非放在豪华的盒子里不可，不知道是卖月饼还是卖盒子。

丈夫：不会吧？难道连月饼也吃不起了？

妻子：像我们这样的下岗工人还真是买不起。

> ①记着
> "Remember..." It's used to remind something.
> 表示提醒。
> ■明天下班时记着把书带回来。

一、回答问题

1. 他们想买什么庆祝节日？丈夫提醒妻子买什么？
2. 妻子买了吗？为什么？
3. 为什么月饼很贵？
4. 为什么他们买不起？
5. 一般来说，节日的时候东西贵还是平时贵？为什么？
6. 你觉得月饼重要还是包装重要？你重视包装吗？

二、用所给的关键词语复述课文

记着　本来　离谱　怎么回事　到底　明明　豪华　不会吧　下岗

三、用所给的关键词语做练习

争论　让步　到底　意见　各自　理由　明明　非……不可　纠正　委屈　豪华　显眼　顺便　小心翼翼　篮子　下岗　离谱　彻底　天真　左右为难　凑　无奈　记着

1. 讨论：朋友过生日，你要送给她一件特别的礼物，怎么包装更好呢？为什么？
2. 讨论：情人节那天，玫瑰花贵得离谱，你会买玫瑰花送给女朋友吗？你怎么庆祝情人节？如果情人节的时候男朋友没送你玫瑰花，因为花太贵了，你会生气吗？为什么？

② 孩子考上了大学，父母却为学费犯愁

母亲：孩子考上大学了，我高兴极了①，可是却笑不出来。

父亲：是啊，咱们俩都下岗了，到哪里去给孩子凑学费啊？

母亲：去亲戚朋友家，每次都是小心翼翼地开口借钱，总担心别人瞧不起。

父亲：到现在学费还没凑够，到底该怎么办呢？

母亲：让他明年再上大学吧。

父亲：不行，不管怎么样，这大学非上不可，明天再想想别的办法吧。

> ①我高兴极了
> I'm so happy!
> 表示高兴。
> ■孩子找了一个理想的工作，我高兴极了。

一、回答问题

1. 孩子考上大学他们高兴吗？他们担心什么？
2. 他们愿意到亲戚朋友家借钱吗？为什么？
3. 他们还会让孩子读大学吗？
4. 你觉得孩子应该读大学吗？为什么？
5. 你赞同父母借钱给孩子读书吗？为什么？
6. 在你的国家，有没有人因为没有钱而不能读书？
7. 如果有，谁能帮助他们？政府？学校？有钱人？

第八单元　社会问题
第三十一课　穷人的中秋节

二、用所给的关键词语复述课文

我高兴极了　笑不出来　下岗　凑　学费　小心翼翼　左右为难　委屈　非……不可

三、用所给的关键词语做练习

争论　让步　脖子　到底　意见　各自　理由　明明　非……不可　纠正　委屈　豪华　显眼　顺便　小心翼翼　下岗　工人　离谱　彻底　天真　左右为难　凑　无奈　记着　我高兴极了

1. 讨论：有人没有钱读书是自己的问题还是社会的问题，应该怎么解决？
2. 对话练习：你的朋友告诉你他考上大学了，但是家里无法负担，他不想读了，你会给他什么建议？你们会说什么？

③ 几位大学生在谈论如何帮助西部贫困地区

A：我觉得最重要的是先让穷人吃饱、穿暖。
B：没错儿，应该多给他们捐①钱、捐物。
C：可是这只是暂时②的，他们不能永远靠别人帮助吧？
A：到底有没有办法能从根本上解决问题呢？
B：教育，只有教育才能彻底改变他们的人生。
A：你不觉得太天真了吗③？短时间内能看到效果吗？
C：那还有别的办法吗？

①捐 juān
donate, contribute

②暂时 zànshí
temporary

③你不觉得太……吗
"Don't you think it's too...?"
It expresses a blame.
表示责备。
■你不觉得你的话太难听了吗？

一、回答问题

1. A觉得对穷人来说，最重要是什么？

2. B觉得应该给他们什么？

3. C怎么看这个问题？

4. 什么可以彻底解决问题？但是这个方法有什么缺点？

5. 你觉得应该怎么帮助穷人？

6. 你觉得彻底解决的办法是什么？

7. 你做过帮助穷人的工作吗？是什么样的工作？

二、用所给的关键词语复述课文

捐　暂时　靠　到底　根本　彻底　你不觉得太……吗　天真

三、用所给的关键词语做练习

争论　让步　到底　意见　各自　理由　明明　非……不可　纠正　委屈
豪华　显眼　顺便　小心翼翼　离谱　彻底　天真　左右为难　凑　无奈
捐　暂时　你不觉得太……吗　记着　我高兴极了

1. 对话练习：你的美国朋友打算每年到中国贫困的西部地区去教英文，你觉得他的做法怎么样？跟他谈谈吧。

2. 讨论：如果你有一个同学，他/她来自贫困的地区，你会怎么帮助他/她？

听力练习

一、听后判断正误

1. 对商家来说，节日可以赚到比平时更多的钱。

2. 节日的时候，东西再贵也有人买。

3. 我家总是比别人提前一天过节。

4. 节日的时候跟节日第二天，商品的价钱很不一样。

5. 我家的过节方式可以省很多钱。

二、听后回答问题

1. 为什么商家觉得节日是个赚钱机会？
2. 为什么我家的节日要比别人晚一天？
3. 说话人为什么觉得这样过节没什么不好意思？

三、听后填空

1. 商家觉得节日是一个_____的机会，即使东西的价钱贵得_____，也不用担心没有人买。
2. 中秋节第二天，放在超市里_____位置的豪华月饼马上便宜得_____。
3. 这没有什么不好意思，_____可以省钱，为什么不这样呢？

四、听后复述短文

功能点练习

用所给的功能点完成对话

记着　你不觉得太……吗

1. A：外边下雨了，出门_____。

   B：我知道了，你真啰嗦！

   A：这样跟妈妈说话，_____？

交际活动

1. 问问你的朋友，如果让他把生命中最重要的东西按照重要程度排序，金钱排在第几位？在他的表格里最重要的东西是什么？在课堂上报告你的调查结果。

2. 问问你的同学，如果有很多钱，你会用来做什么？为什么？并在课堂上作报告。

第三十二课
广告与媒体

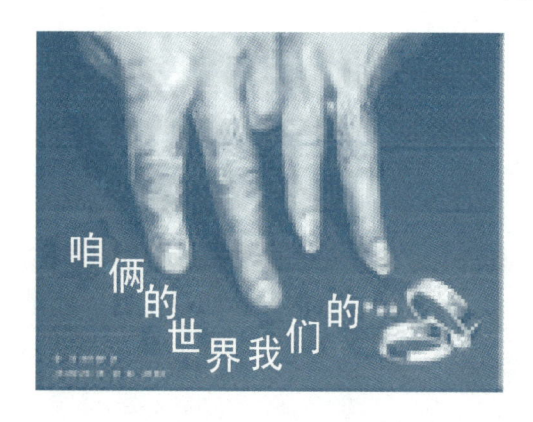

热身

咱俩的世界我们的……

它不能代替你照顾老人

1. 在生活中,广告多不多?

2. 为什么有那么多广告?广告的目的是什么?

3. 你讨厌广告吗?为什么?

① 售货员在向顾客推荐护肤品

顾　　客：最近皮肤不太好，该用什么护肤品①呢？

售货员：您可以试试这个，效果挺好的。

顾　　客：什么牌子②？从来没听说过，还是算了吧。

售货员：要不，您看看这个③，一定听说过吧？电视上天天都有广告。

顾　　客：对，这个挺有名的，听说很多明星都用呢。

售货员：您也试试吧！

顾　　客：不过，效果真像广告上说得那么好吗？我还是再考虑考虑④吧。

①护肤品 hùfūpǐn
skincare products

②牌子 páizi
brand

③要不+(建议)
"How about...?" It's used to make a suggestion.
表示建议。
■A：我不喜欢吃日本菜。
　B：要不，咱们尝尝韩国菜。

④考虑考虑
"Think about it."
It indicates a hesitation.
表示犹豫。
■A：你决定了考什么学校吗？
　B：还没呢，我再考虑考虑。

一、回答问题

1. 顾客问售货员什么？售货员为什么向她推荐第一种护肤品？
2. 顾客敢用吗？为什么？
3. 售货员为什么给顾客推荐第二种护肤品？
4. 顾客知道第二种产品吗？她是怎么知道的？
5. 顾客最后决定买哪一个？为什么？
6. 如果你是这个顾客，你会买哪个商品？为什么？
7. 你买东西的时候会受广告的影响吗？为什么？
8. 广告会向我们介绍什么？
9. 广告对你的生活有什么影响？

二、用所给的关键词语复述课文

护肤品　牌子　算了吧　要不+（建议）　广告　明星　考虑考虑

三、用所给的关键词语做练习

广告　媒体　绑　传播　避免　在……下　结盟　思考　尤其　儿童
动画片　实践　皮肤　负面　发行量　视听　率　受众　消费　效果
顶级　人群　特征　只顾　利益　客观　公正　信任　必定　牌子　算了
考虑考虑　要不+（建议）

1. 对话练习：售货员向你推销一种牛奶，价格也比较合适，你也正好需要买牛奶，你会买吗？你们会说什么？
2. 讨论：广告给我们的生活带来了什么？

② 两个朋友在谈论对广告的看法

A：真讨厌①，节目刚开始一会儿就这么多广告。

B：我也讨厌广告，尤其是那些没有一点儿艺术性的广告。

A：这些广告只想着让观众记住它，其实一点儿都不理解我们的心理。

B：还有一些广告甚至是虚假的，欺骗消费者。

A：没错，听说不少人因此上当呢。

B：要是没有广告就好了。

①真讨厌
It's so annoying.
表示讨厌。
■真讨厌，周末也不能睡懒觉。

一、回答问题

1. 他们喜欢广告吗？为什么？
2. 他们相信广告吗？
3. 你喜欢看广告吗？

第八单元　社会问题
第三十二课　广告与媒体

4. 你相信广告吗？

5. 你觉得如果完全没有广告可以吗？为什么？

二、用所给的关键词语复述课文

真讨厌　尤其　艺术　甚至　虚假　欺骗　消费者　上当

三、用所给的关键词语做练习

广告　媒体　绑　传播　避免　在……下　结盟　思考　尤其　实践

皮肤　负面　发行量　视听　率　受众　消费　效果　只顾　利益

客观　公正　信任　必定　生存　真讨厌　考虑考虑　要不+(建议)

1. 对话练习：你跟朋友正在看一个很好看的电视剧，在关键时刻，电视插播了广告。你们会说什么？

2. 讨论：如果没有广告，我们的生活会怎么样？

③ 我的烦恼

有一家药厂出了挺高的广告费想让我给他们的新产品做广告，可是，听说前几天有个朋友因为做了虚假广告被罚款了，罚款倒是小事，失去公众的信任就糟糕了。所以，我想来想去，下不了决心①，再考虑考虑吧。对了，我得先调查调查这种药到底怎么样……

①想来想去，下不了决心
I've thought a lot but still couldn't make up my mind.
表示犹豫。
■A：你到底要不要嫁给他？
　B：想来想去，我还是下不了决心。

一、回答问题

1. 说话人可能是什么人？

2. 有人请他做什么？

3. 他为什么下不了决心？他听说了什么事？

4. 他觉得钱重要还是公众对他的信任重要？

5. 最后他决定了吗？为什么？

6. 你觉得明星为什么做广告？为了赚钱？为了帮助人们？为了帮助商家？

7. 商家为什么找明星做广告？

二、用所给的关键词语复述课文

广告费　做广告　虚假　罚款　公众　新人　想来想去，下不了决心　到底　考虑考虑

三、用所给的关键词语做练习

广告　媒体　绑　传播　避免　在……下　结盟　思考　尤其　实践　皮肤　负面　发行量　视听　率　受众　消费　效果　奢华　只顾　利益　客观　公正　信任　必定　生存　真讨厌　考虑考虑
要不+(建议)　想来想去,下不了决心

1. 对话练习：你是一家公司的老板，你想请一位明星给你们的产品做广告，请跟这位明星谈谈吧。

听力练习

一、听后判断正误

1. 这种减肥药效果很好。

2. 只能在电视上看到这个广告。

3. 这个减肥药的广告是明星做的。

4. 媒体做这样的广告是因为想赚钱。

5. 我们可以相信广告。

二、听后回答问题

1. 为什么消费者相信这个减肥药的广告？

2. 媒体的做法有什么错误？

3. 广告应该是什么样的？

三、听后复述短文

第八单元 社会问题
第三十二课 广告与媒体

功能点练习

用所给的功能点完成对话

要不+(建议)　考虑考虑　真讨厌　想来想去,下不了决心

1. A：中午你没空，_____？

   B：晚上也没时间，最近太忙了，_____！

2. A：你到底想要哪一件？

   B：让我再_____。

   A：你真是的，_____，我都陪你来了三次了。

交际活动

1. 问问你的同学有多少人喜欢广告，多少人不喜欢广告？为什么？并以这个调查作为依据，谈谈广告对生活的影响。

2. 辩论：电视节目中应该不应该插播很多广告？

单元总结

同意、赞成

1. 可不是

A：看样子这几年修路、修立交桥没什么用啊！

B：可不是！不过，我觉得最根本的问题是人们根本不遵守交通规则，交通太乱，不堵车才怪呢！（第二十九课）

反对、不赞成

1. 我不这样认为

B：看红绿灯过马路，这么简单的事谁都知道，难道还需要上课？

A：我不这样认为，过马路可不是一件容易的事。（第二十九课）

没把握

1. 说不好

B：你说得有道理，交通安全教育应该从孩子开始。再说，也许还可以解决堵车的问题呢。

A：那倒说不好。（第二十九课）

2. 不好说

妻子：坐公交车不也堵车吗！

丈夫：可是，要是大家都不开车呢？

妻子：那可不好说。（第二十九课）

开始话题

1. 你知道吗

你知道吗？全世界每天有四千五百个儿童因为缺水病死。（第三十课）

不在乎

1. 无所谓

卫生不卫生倒无所谓，我不用一次性筷子是因为用一次就扔掉，太浪费了。（第三十课）

同情

1. 为(某人)难过

没错儿！刚听到这个消息，我也不敢相信。孩子们太可怜了，真为他们难过。（第三十课）

相信

1. 是真的

C：听说不但没减少，反而比以前更多了。

A：是真的！听说前几天在一家高档餐馆里找出了一百多只珍贵的野生动物。（第三十课）

提醒

1. 记着

快到中秋节了，去超市记着顺便买盒月饼。（第三十一课）

高兴

1. 我高兴极了

孩子考上大学了，我高兴极了，可是却笑不出来。（第三十一课）

责备

1. 你不觉得太……吗？

B：教育，只有教育才能彻底改变他们的人生。

A：你不觉得太天真了吗？短时间内能看到效果吗？（第三十一课）

建议

1. 要不+(建议)

顾　客：什么牌子？从来没听说过，还是算了吧。

售货员：要不，您看看这个，一定听说过吧？电视上天天都有广告。

（第三十二课）

犹豫

1. 考虑考虑

售货员：您也试试吧！

顾　　客：不过，效果真像广告上说得那么好吗？我还是再考虑考虑吧。（第三十二课）

2. 想来想去，下不了决心

我想来想去，下不了决心，再考虑考虑吧。（第三十二课）

讨厌

1. 真讨厌

真讨厌，节目刚开始一会儿就这么多广告。（第三十二课）

《实践汉语》词语总表

A

唉	唉	ài	叹(interj.)	sigh of sadness or regret	1
爱情	愛情	àiqíng	名(n.)	love	17
鞍*	鞍	ān	名(n.)	saddle	12
安	安	ān	动(v.)	set	13
安全#	安全	ānquán	形(a.)	safe	29
安慰	安慰	ānwèi	动(v.)	comfort, console	11
暗	暗	àn	形(adj.)	dark	9
暗示	暗示	ànshì	动(v.)	imply, hint	20
按	按	àn	动(v.)	press	9
按照	按照	ànzhào	介(prep.)	according to	18
熬夜	熬夜	áo yè	动(v.)	stay up late or all night	1

B

白糖	白糖	báitáng	名(n.)	sugar	21
白……一眼	白……一眼	bái……yī yǎn		glance at (somebody) with despise or anger	24
摆	擺	bǎi	动(v.)	sway, wave	21
百合#	百合	bǎihé	名(n.)	lily	2
般	般	bān	助(aux.)	sort, kind	10
搬	搬	bān	动(v.)	move, remove	14
绑	綁	bǎng	动(v.)	tie	32
包间*	包間	bāojiān	名(n.)	a compartment for dinner	27
饱	飽	bǎo	形(a.)	full	1
保姆#	保姆	bǎomǔ	名(n.)	housekeeper	27
保姆	保姆	bǎomǔ	名(n.)	housemaid, housekeeper	28
保守	保守	bǎoshǒu	形(a.)	conservative	18
报警器*	報警器	bàojǐngqì	名(n.)	annunciator, alarm	9

注：加#的词语为《实践汉语——中级听说》中出现的生词，加*的词语为《实践汉语——中级读写》中不需要重点掌握的词语，其余的为《实践汉语——中级读写》中需要掌握的词语。

暴力#	暴力	bàolì	名(n.)	violence	7
爆	爆	bào	动(v.)	explode	13
抱歉	抱歉	bàoqiàn	形(a.)	be sorry	10
被迫	被迫	bèipò	动(v.)	be forced	20
辈子	輩子	bèizi	名(n.)	lifetime	19
本来	本來	běnlái	副(adv.)	originally	30
本人	本人	běnrén	名(n.)	oneself	13
奔	奔	bèn	动(v.)	rush	11
笨#	笨	bèn	形(a.)	stupid	25
比分#	比分	bǐfēn	名(n.)	score	5
鄙夷	鄙夷	bǐyí	形(a.)	despised	25
必定	必定	bìdìng	副(adv.)	be sure to	32
必须	必須	bìxū	副(adv.)	must, have to	1
避免	避免	bìmiǎn	动(v.)	avoid	32
鞭子	鞭子	biānzi	名(n.)	whip	30
标志	標志	biāozhì	名(n.)	symbol	23
标准	標準	biāozhǔn	名(n.)	standard	18
表达	表達	biǎodá	动(v.)	express	25
表情	表情	biǎoqíng	名(n.)	expression	13
别墅*	別墅	biéshù	名(n.)	villa	19
宾馆	賓館	bīnguǎn	名(n.)	hotel	4
并	并	bìng	连(conj.)	and	25
菠萝#	菠蘿	bōluó	名(n.)	pineapple	12
脖子	脖子	bózi	名(n.)	neck	31
不安	不安	bù'ān	形(a.)	nervous	27
不但不……反而……	不但不……反而……	bùdàn bù……fǎn'ér……		not... but even...	30
不得了	不得了	bùdéliǎo		extremely	1
不断	不斷	bùduàn	副(adv.)	continuous	17
不妨	不妨	bùfáng	副(adv.)	might (do something) as well	29
不管……都……	不管……都……	bùguǎn……dōu……		regardless of...	24
不好意思	不好意思	bù hǎoyìsi		feel embarrassed	2
不讲理#	不講理	bù jiǎng lǐ		unreasonable	7
不料	不料	bùliào	副(adv.)	unexpectedly	24

不如	不如	bùrú	动(v.)	not as	25
不是……而是……	不是……而是……	bù shì……ér shì……		not... but...	18
不是……就是……	不是……就是……	bù shì……jiù shì……		not... but...	6
不同	不同	bùtóng	形(a.)	different	5
不知不觉	不知不覺	bù zhī bù jué		unconsciously	7
不知道……才好	不知道……才好	bù zhīdào……cái hǎo		don't know what to do will be OK	24
部分	部分	bùfen	名(n.)	part	6

C

擦	擦	cā	动(v.)	to wipe, to clean	18
菜单	菜單	càidān	名(n.)	menu	2
参加	參加	cānjiā	动(v.)	take part in	11
藏	藏	cáng	动(v.)	hide	25
操心	操心	cāo xīn	动(v.)	worry about	28
曾经	曾經	céngjīng	副(adv.)	at one time	7
测试	測試	cèshì	名(n.)	test	17
差	差	chà	形(a.)	worse	28
差不多	差不多	chàbuduō		almost	6
尝试	嘗試	chángshì	动(v.)	try	15
嘲笑	嘲笑	cháoxiào	动(v.)	laugh at	24
车牌号#	車牌號	chēpáihào		licence plate number	4
彻底	徹底	chèdǐ	副(adv.)	completely	31
趁(着)	趁(着)	chèn(zhe)	动(v.)	take the advantage of (time, opportunity, etc.)	28
乘	乘	chéng	动(v.)	take, ride	9
承担	承擔	chéngdān	动(v.)	undertake	23
成功	成功	chénggōng	动(v.)	succeed	15
成绩#	成績	chéngjì	名(n.)	score, grade	25
乘客	乘客	chéngkè	名(n.)	passenger	4
承认	承認	chéngrèn	动(v.)	admit	27
诚实	誠實	chéngshí	形(a.)	honest	7
吃惊	吃驚	chījīng	形(a.)	to be startled	2
充满	充滿	chōngmǎn	动(v.)	full of	19

宠物	寵物	chǒngwù	名(n.)	pet	28
冲	衝	chòng	动(v.)	facing, towards	21
丑	丑	chǒu	形(a.)	ugly	18
丑恶	丑惡	chǒu'è	形(a.)	ugly	13
出嫁	出嫁	chūjià	动(v.)	(woman) get married	20
出洋相	出洋相	chū yángxiàng		make a spectacle of oneself	12
出租	出租	chūzū	动(v.)	rent	4
初三*	初三*	chūsān	名(n.)	the third grade of junior middle school	26
厨师*	厨師*	chúshī	名(n.)	chef	8
处理	處理	chǔlǐ	动(v.)	deal with	18
传	傳	chuán	动(v.)	pass on	2
传播	傳播	chuánbō	动(v.)	disseminate, communicate	32
传统	傳統	chuántǒng	形(a.)	traditional	4
传宗接代	傳宗接代	chuán zōng jiē dài		to carry on the Stewart name	28
闯	闖	chuǎng	动(v.)	rush, break through	11
从来	從來	cónglái	副(adv.)	at all time (used in negative sentence)	4
凑	湊	còu	动(v.)	chip in	20
凑	湊	còu	动(v.)	put sth. very close to	31
粗心	粗心	cūxīn	形(a.)	careless	10
催	催	cuī	动(v.)	urge	26
脆	脆	cuì	形(a.)	crisp	15
寸步难行	寸步難行	cùn bù nán xíng		stumble at every step	29
存折#	存折	cúnzhé	名(n.)	bankbook	22

D

答应	答應	dāying	动(v.)	agree, promise	27
打架	打架	dǎ jià		fight	13
打招呼	打招呼	dǎ zhāohu		greet somebody	14
打折	打折	dǎzhé	动(v.)	discount	3
大半个	大半個	dàbàngè		more than half	13
大度	大度	dàdù	形(a.)	magnanimous	24
大多数	大多數	dàduōshù		great majority	1

大方	大方	dàfang	形(a.)	generous (oral style)	22
大方#	大方	dàfang	形(a.)	in good taste	26
大概	大概	dàgài	副(adv.)	probably	24
大海捞针	大海撈針	dà hǎi lāo zhēn		look for a needle in a haystack	18
大家	大家	dàjiā	代(pron.)	everybody	2
大脑	大腦	dànǎo	名(n.)	brain	8
大排档	大排檔	dàpáidàng	名(n.)	sidewalk snack booth	6
大声	大聲	dà shēng		loud	9
大夫	大夫	dàifu	名(n.)	doctor	21
代沟	代沟	dàigōu	名(n.)	generation gap	26
待遇	待遇	dàiyù	名(n.)	treatment	28
单身	單身	dānshēn	名(n.)	unmarried, single	22
单位*	單位	dānwèi	名(n.)	working place	13
担心	擔心	dānxīn	动(v.)	worry	10
当地	當地	dāngdì	名(n.)	local	15
当年	當年	dāngnián	名(n.)	in those years, then	15
当做	當做	dàngzuò	动(v.)	regard... as	20
档次	檔次	dàngcì	名(n.)	quality, level	27
刀叉	刀叉	dāochā	名(n.)	knife and fork	16
倒	倒	dǎo	动(v.)	moveut	1
道	道	dào	量(m.w.)	(for the dish) course	2
倒	倒	dào	副(adv.)	while	27
倒	倒	dào	动(v.)	pour	30
到处	到处	dàochù	名(n.)	everywhere	27
到底	到底	dàodǐ	副(adv.)	on earth	31
道歉	道歉	dàoqiàn		apologize	30
得到	得到	dédào	动(v.)	get	23
地道#	地道	dìdao	形(a.)	typical, genuine	2
地道	地道	dìdao	形(a.)	typical, genuine	15
地毯#	地毯	dìtǎn	名(n.)	carpet	15
地位	地位	dìwèi	名(n.)	status	28
地狱	地獄	dìyù	名(n.)	hell	9
第一步	第一步	dì yī bù		first step	8
点	點	diǎn	动(v.)	order	2
电梯*	電梯	diàntī	名(n.)	elevator	9

245

电子邮件#	電子郵件	diànzǐ yóujiàn		e-mail	6
丁宠*	丁寵	dīngchǒng	名(n.)	DINK but pets family	28
丁克*	丁克	dīngkè	名(n.)	DINK	28
定位#	定位	dìngwèi	动(v.)	to locate	13
东街*	東街	dōngjiē	名(n.)	east street	21
动静	動静	dòngjing	名(n.)	activity	28
动人#	动人	dòngrén	形(a.)	lovely and amazing	9
动作	動作	dòngzuò	名(n.)	move, action	13
堵塞	堵塞	dǔsè	动(v.)	jam	29
度过	度過	dùguò	动(v.)	get through	6
肚子	肚子	dùzi	名(n.)	belly	1
短	短	duǎn	形(a.)	short	3
端	端	duān	动(v.)	to hold sth., level with both hands	2
段	段	duàn	量(m.w.)	section	19
锻炼	鍛煉	duànliàn	动(v.)	take exercise	5
断断续续	斷斷續續	duànduànxùxù	形(a.)	intermittently	21
对……来说	對……來說	duì……lái shuō		to/for sb.	1
对面	對面	duìmiàn	名(n.)	opposite	9
对象	對象	duìxiàng	名(n.)	boyfriend or girlfriend	22
对于	對於	duìyú	介(prep.)	for	25
顿	顿	dùn	量(m.w.)	measure word for meal	27
朵	朵	duǒ	量(m.w.)	measure word for flower or cloud	10
跺脚	跺脚	duòjiǎo	动(v.)	stamp one's feet	11

F

发愁	發愁	fā chóu		worry, be anxious	5
发胖	發胖	fāpàng	动(v.)	get fat	1
发票#	發票	fāpiào	名(n.)	receipt	4
发生	發生	fāshēng	动(v.)	happen	7
发誓	發誓	fāshì	动(v.)	swear	20
发展	發展	fāzhǎn	动(v.)	develop	29
罚单#	罰單	fádān	名(n.)	fining ticket	14
法律#	法律	fǎlǜ	名(n.)	law	26
烦	煩	fán	形(a.)	feel vexed	23

烦恼	煩惱	fánnǎo	名(n.)	annoyance	23
反复	反復	fǎnfù	动(v.)	time and time again	26
反抗	反抗	fǎnkàng	动(v.)	resist	20
反应	反應	fǎnyìng	动(v.)	react	9
反映	反映	fǎnyìng	动(v.)	reflect	23
饭菜	飯菜	fàncài	名(n.)	meal	1
方式	方式	fāngshì	名(n.)	manner	16
仿佛	仿佛	fǎngfú	副(adv.)	as if	9
放弃	放棄	fàngqì	动(v.)	give up	17
非……不可	非……不可	fēi……bù kě		insist on (doing sth.)	31
肥皂剧#	肥皂劇	féizàojù		soap opera	7
废纸	廢紙	fèi zhǐ	名(n.)	waste paper	22
分手	分手	fēn shǒu		break up	19
分析	分析	fēnxī	动(v.)	analyze	26
坟墓	墳墓	fénmù	名(n.)	sepulcher	20
份	份	fèn	量(m.w.)	(for documents, menu, etc.) copy	2
风度	風度	fēngdù	名(n.)	style	12
风俗	風俗	fēngsú	名(n.)	custom	16
丰富	豐富	fēngfù	形(a.)	rich, abundant	6
否定	否定	fǒudìng	动(v.)	negative	27
否则	否則	fǒuzé	连(conj.)	otherwise	18
符合	符合	fúhé	动(v.)	to comply with (a standard)	18
服务员	服務員	fúwùyuán	名(n.)	waiter	2
付	付	fù	动(v.)	pay	4
付出#	付出	fùchū	动(v.)	pay out	19
负面	負面	fùmiàn	名(n.)	downside	32
父亲节*	父親節	fùqīnjié	名(n.)	Father's Day	25

G

改变	改變	gǎibiàn	动(v.)	change	13
改革	改革	gǎigé	动(v.)	reform	29
改进	改進	gǎijìn	动(v.)	improve	29
改善#	改善	gǎishàn	动(v.)	improve	30
干	乾	gān	形(a.)	dry	17

干巴巴	乾巴巴	gānbābā	形(a.)	dry, dryasdust	15
尴尬	尷尬	gāngà	形(a.)	embarrassed	7
感动	感動	gǎndòng	动(v.)	moving, to move(sb.)	10
赶快	趕快	gǎnkuài	副(adv.)	hurry	14
感情	感情	gǎnqíng	名(n.)	affection	17
感谢	感謝	gǎnxiè	动(v.)	thank	11
刚好	剛好	gānghǎo	副(adv.)	exactly	16
高峰#	高峰	gāofēng	名(n.)	peak time	4
告别	告別	gàobié	动(v.)	say goodbye to	17
歌剧#	歌劇	gē jù	名(n.)	opera	6
歌厅	歌廳	gētīng	名(n.)	KTV	6
各	各	gè	副(adv.)	each, respectively	22
各……各……	各……各……	gè……gè……		do sth. respectively	2
各自	各自	gèzì	副(adv.)	separately	31
个体	個體	gètǐ	名(n.)	individual	16
跟……一样	跟……一樣	gēn……yīyàng		be the same with	5
根本	根本	gēnběn	副(adv.)	ultimately, absolutely	13
根本	根本	gēnběn	形(a.)	basic	29
根据	根據	gēnjù	介(prep.)	basis, according to	13
供	供	gōng	动(v.)	maintain, to provide for	25
公车*	公車	gōngchē	名(n.)	a car belongs to government or a company	29
公路	公路	gōnglù	名(n.)	public road	30
工人	工人	gōngrén	名(n.)	worker	31
公正	公正	gōngzhèng	名(n.)	justice	32
工资	工資	gōngzī	名(n.)	wage	22
够	够	gòu	副(adv.)	enough	3
孤独#	孤獨	gūdú	形(a.)	lonely	25
雇	雇	gù	动(v.)	employ	8
关爱	關愛	guān'ài	动(v.)	care	25
观念	觀念	guānniàn	名(n.)	thought	28
关系	關系	guānxì	名(n.)	relationship	7
关于	關於	guānyú	介(prep.)	about	7
广场	廣場	guǎngchǎng	名(n.)	square	6
广告	廣告	guǎnggào	名(n.)	advertisement	32

规定	規定	guīdìng	名(n.)	provision	30
规则	規則	guīzé	名(n.)	rule	29
果酱*	果醬	guǒjiàng	名(n.)	jam	17
果然	果然	guǒrán	副(adv.)	sure enough, really	12
过程	過程	guòchéng	名(n.)	process	8
过节	過節	guò jié	动(v.)	celebrate a festival	25

H

还	還	hái	副(adv.)	beyond one's expectation	14
喊	喊	hǎn	动(v.)	shout	9
豪华	豪華	háohuá	形(a.)	luxurious	31
好(不)容易	好(不)容易	hǎo (bù) róngyì		very difficult	20
好气	好氣	hǎo qì	形(a.)	annoying	22
好笑	好笑	hǎo xiào	形(a.)	arnusing, funny	22
好心	好心	hǎoxīn	形(a.)	good intention	15
好在	好在	hǎozài	副(adv.)	luckily	21
好奇	好奇	hàoqí	形(a.)	curious	10
何必	何必	hébì	副(adv.)	there is no need	21
贺卡#	賀卡	hèkǎ	名(n.)	gretting card	25
狠	狠	hěn	形(a.)	fearlessly, fiercely	3
恨不得	恨不得	hènbude		itch to	29
红灯*	紅燈	hóngdēng	名(n.)	red light	11
红绿灯*	紅綠燈	hónglǜdēng	名(n.)	traffic light	29
红糖	紅糖	hóngtáng	名(n.)	brown sugar	21
后来	後來	hòulái	连(conj.)	afterwards	9
呼唤	呼唤	hūhuàn	动(v.)	call, shout to	30
忽然	忽然	hūrán	副(adv.)	suddenly	17
蝴蝶	蝴蝶	húdié	名(n.)	butterfly	20
糊涂	糊涂	hútu	形(a.)	muddled	10
护肤品#	護膚品	hùfūpǐn	名(n.)	skincare products	32
互联网*	互聯網*	hùliánwǎng	名(n.)	internet	13
互相	互相	hùxiāng	副(adv.)	each other	14
护照#	護照	hùzhào	名(n.)	passport	4
花	花	huā	动(v.)	spend	5
话题#	話題	huàtí	名(n.)	topic	28

化妆品#	化妆品	huàzhuāngpǐn	名(n.)	cosmetics	10
怀疑	懷疑	huáiyí	动(v.)	doubt	10
还价	還價	huánjià	动(v.)	dicker	3
换	換	huàn	动(v.)	exchange	14
恍然大悟	恍然大悟	huǎngrán dà wù		suddenly realize the truth	10
回答	回答	huídá	动(v.)	answer	11
汇款	匯款	huìkuǎn	动(v.)	to remit; to send money	25
汇款单*	匯款單	huìkuǎndān	名(n.)	money order	25
婚礼	婚禮	hūnlǐ	名(n.)	wedding	19
浑身#	渾身	hún shēn		all over the body, from head to foot	5
活动	活動	huódòng	名(n.)	activity	23
活人	活人	huórén	名(n.)	a living man	21

J

机场	機場	jīchǎng	名(n.)	airport	4
鸡翅#	鷄翅	jīchì	名(n.)	chicken wing	16
激烈	激烈	jīliè	形(a.)	fierce	26
急	急	jí	形(a.)	anxious	11
急病	急病	jíbìng	名(n.)	sudden illness	21
急忙	急忙	jímáng	副(adv.)	hurry	15
急事	急事	jíshì	名(n.)	sth. urgent	27
极了	極了	jí le		extremely	4
即使……也……	即使……也……	jíshǐ……yě……		even if...	26
既……又……	既……又……	jì……yòu……		as well as	8
既然……就……	既然……就……	jìrán……jiù……		since... then	19
继续	繼續	jìxù	副(adv.)	continue	20
加	加	jiā	动(v.)	to plus	3
夹	夾	jiā	动(v.)	hold between, clip	15
家人	家人	jiārén	名(n.)	family member	21
家务#	家務	jiāwù	名(n.)	housework	11
家务事	家務事	jiāwùshì	名(n.)	housework	14
假	假	jiǎ	形(a.)	false, fake	7

假货#	假貨	jiǎ huò		fake stuff	3
假如	假如	jiǎrú	连(conj.)	if, providing that	3
嫁	嫁	jià	动(v.)	(a woman) marry (a man)	19
价签*	價簽	jiàqiān	名(n.)	price tag	12
价钱	價錢	jiàqián	名(n.)	price	3
坚持	堅持	jiānchí	动(v.)	persist in	2
坚定	堅定	jiāndìng	形(a.)	steady	17
坚强	堅强	jiānqiáng	形(a.)	strong, forceful	24
减肥	減肥	jiǎn féi	动(v.)	lose weight	5
减少	減少	jiǎnshǎo	动(v.)	reduce	29
渐渐	漸漸	jiànjiàn	副(adv.)	gradually	26
间接	間接	jiànjiē	副(adv.)	indirectly	23
健康	健康	jiànkāng	形(a.)	healthy	5
健身操*	健身操	jiànshēncāo	名(n.)	body mechanics	5
健身房*	健身房	jiànshēnfáng	名(n.)	gymnasium	5
建议	建議	jiànyì	动(v.)	to advise	2
将来	將來	jiānglái	名(n.)	(in the) future	26
讲价	講價	jiǎngjià	动(v.)	bargain	3
交	交	jiāo	动(v.)	deliver	10
交流	交流	jiāoliú	动(v.)	communicate	26
交通	交通	jiāotōng	名(n.)	traffic	29
骄傲	驕傲	jiāo'ào	形(a.)	proud	25
脚	脚	jiǎo	量(m.w.)	measure word for kicking	13
教育	教育	jiàoyù	动(v.)	educate	7
接	接	jiē	动(v.)	take over, receive	14
接#	接	jiē	动(v.)	one after another	7
接受	接受	jiēshòu	动(v.)	accept	20
结果	結果	jiéguǒ	副(adv.)	at last, finally	22
结婚	結婚	jié hūn	动(v.)	marry	18
结盟	結盟	jiéméng	动(v.)	ally, to become an alignment	32
结束	結束	jiéshù	动(v.)	finish	19
结账	結賬	jié zhàng	动(v.)	settle accounts	22
节日#	節日	jiérì	名(n.)	festival	3
解决	解決	jiějué	动(v.)	solve	29

简体	繁體	拼音	词性	英文	课
解释	解釋	jiěshì	动(v.)	explain	24
斤斤计较	斤斤計較	jīnjīn jìjiào		haggle over every ounce	22
金子	金子	jīnzi	名(n.)	gold	10
尽管……但是……	儘管……但是……	jǐnguǎn……dànshì……		though...	17
近路	近路	jìn lù	名(n.)	a short cut	11
近年来	近年來	jìn nián lái		during the past few years	28
近视#	近視	jìnshì		near-sighted	7
精彩#	精彩	jīngcǎi	形(a.)	wonderful	5
精力	精力	jīnglì	名(n.)	energy	28
精神	精神	jīngshen	名(n.)	vitality	1
精神	精神	jīngshén	名(n.)	spirit	3
经历	經歷	jīnglì	名(n.)	experience	9
经验	經驗	jīngyàn	名(n.)	experience	3
惊喜	驚喜	jīngxǐ	名(n.)	pleasant surprise	17
敬酒	敬酒	jìng jiǔ		toast	27
竞争	競爭	jìngzhēng	名(n.)	competition	26
镜子	鏡子	jìngzi	名(n.)	mirror	12
揪	揪	jiū	动(v.)	seize, hold tightly	13
究竟	究竟	jiūjìng	副(adv.)	actually	24
纠正	糾正	jiūzhèng	动(v.)	correct	31
酒吧	酒吧	jiǔbā	名(n.)	bar, public house	6
久违*	久違	jiǔwéi	动(v.)	(haven't see sb.) for a long time	16
久仰*	久仰	jiǔyǎng	动(v.)	admiring (you) for a long time	16
旧	舊	jiù	形(a.)	former	17
救命	救命	jiùmìng	动(v.)	help, save sb.'s life	9
举	舉	jǔ	动(v.)	lift, raise	30
捐#	捐	juān	动(v.)	donate, contribute	31
卷儿	卷兒	juǎnr	名(n.)	scroll	15
绝对	絕對	juéduì	副(adv.)	absolutely	5
绝望	絕望	juéwàng	形(a.)	desperate	9
军队	軍隊	jūnduì	名(n.)	army troops	30

K

开(课)#	開(課)	kāi(kè)	动(v.)	offer (a course in a school)	13
开放	開放	kāifàng	形(a.)	open	18
开心	開心	kāixīn	形(a.)	happy	4
看不起	看不起	kànbuqǐ		look down upon	24
慷慨	慷慨	kāngkǎi	形(a.)	generous (written style)	22
看来	看來	kànlái		it seems that	26
靠	靠	kào	动(v.)	rely on, depend on	8
颗	顆	kē	量(m.w.)	measure word for small spheres	10
可	可	kě	副(adv.)	certainly (particle used for emphasis)	23
可恨	可恨	kěhèn	形(a.)	hateful	26
可惜#	可惜	kěxī	形(a.)	pity	14
刻骨铭心	刻骨銘心	kè gǔ míng xīn		remember with deep gratitude	17
客观	客觀	kèguān	名(n.)	objective	32
客气	客氣	kèqi	形(a.)	stand on polite	2
肯	肯	kěn	助(aux.)	be willing to	21
肯定	肯定	kěndìng	形(a.)	must be	13
恐怕	恐怕	kǒngpà	副(adv.)	(I'm) afraid (that), perhaps	11
控制	控制	kòngzhì	动(v.)	control	26
口袋*	口袋	kǒudai	名(n.)	pocket	12
口头禅	口頭禪	kǒutóuchán	名(n.)	pet phrase	23
扣	扣	kòu	动(v.)	clasp	12
扣眼儿*	扣眼兒	kòuyǎnr	名(n.)	grommet	12
扣子	扣子	kòuzi	名(n.)	button	12
酷	酷	kù	形(a.)	cool	7
夸	夸	kuā	动(v.)	praise, applaud	27
宽度	寬度	kuāndù	名(n.)	width	29
夸张#	夸張	kuāzhāng	形(a.)	exaggerate	27
困	困	kùn	形(a.)	sleepy	1

253

L

拉	拉	lā	动(v.)	pull, draw	11
垃圾桶*	垃圾桶	lājītǒng	名(n.)	rubbish bin	13
落#	落	là	动(v.)	to leave, forget sth.	4
辣#	辣	là	形(a.)	hot and spicy	2
辣椒#	辣椒	làjiāo	名(n.)	pepper	2
来不及	來不及	láibují		it's too late to do sth.	11
拦	攔	lán	动(v.)	stop sb.	10
浪费	浪費	làngfèi	动(v.)	waste	8
浪漫	浪漫	làngmàn	形(a.)	romantic	18
唠叨	嘮叨	láodao	动(v.)	nag	26
劳动者	勞動者	láodòngzhě	名(n.)	labourer, worker	4
老板	老板	lǎobǎn	名(n.)	seller	3
老龄化#	老齡化	lǎolínghuà		aging of population	27
老人院#	老人院	lǎorényuàn	名(n.)	home for the aged	27
老太太*	老太太	lǎotàitai		old lady	11
乐趣#	樂趣	lèqù	名(n.)	interest	7
离不开	離不開	lí bu kāi		indispensable for	6
离谱	離譜	lípǔ	形(a.)	far off the beam	31
理解	理解	lǐjiě	动(v.)	understand	15
理想	理想	lǐxiǎng	形(a.)	ideal	18
理由	理由	lǐyóu	名(n.)	reason	31
礼貌	禮貌	lǐmào	名(n.)	courtesy, politeness	2
礼品	禮品	lǐpǐn	名(n.)	gift	14
礼尚往来	禮尚往來	lǐ shàng wǎng lái		etiquette demands reciprocity	14
立即	立即	lìjí	副(adv.)	immediately	30
立交桥*	立交橋	lìjiāoqiáo	名(n.)	motorway interchange	29
力气	力氣	lìqi	名(n.)	strength	1
利益	利益	lìyì	名(n.)	benefits, interests	32
俩	倆	liǎ	代(pron.)	two	28
连忙	連忙	liánmáng	副(adv.)	promptly, at once	11
脸色	臉色	liǎnsè	名(n.)	look, expression	3
恋人	戀人	liànrén	名(n.)	lover	17
凉冰冰	涼冰冰	liángbīngbīng	形(a.)	cool	15

亮	亮	liàng	形(a.)	dawn, bright	5
聊天儿	聊天兒	liáotiānr		chat	4
了解	了解	liǎojiě	动(v.)	understand	6
邻居	鄰居	línjū	名(n.)	neighbor	14
零钱	零錢	língqián	名(n.)	change	25
另	另	lìng	代(pron.)	another	2
另外	另外	lìngwài	代(pron.)	other	6
流	流	liú	动(v.)	shed, flow	7
流口水#	流口水	liú kǒushuǐ		slobber	2
路费	路費	lùfèi	名(n.)	travelling expenses	4
路过	路過	lùguò	动(v.)	pass by (a place)	20
路口	路口	lùkǒu	名(n.)	crossing	10
律师#	律師	lǜshī	名(n.)	lawyer	26
乱#	亂	luàn	形(a.)	in a mess	29
萝卜#	蘿卜	luóbo	名(n.)	radish	12
落伍#	落伍	luòwǔ	形(a.)	behind the times	26

M

麻烦	麻煩	máfan	名(n.)	trouble	11
麻将	麻將	májiàng	名(n.)	mahjong	6
马虎	馬虎	mǎhu	形(a.)	not serious, careless	21
骂	罵	mà	动(v.)	scold	21
埋	埋	mái	动(v.)	bury	20
买不起#	買不起	mǎi bù qǐ		can't afford to have	28
埋怨	埋怨	mányuàn	动(v.)	complain	22
满	滿	mǎn	形(a.)	full	22
满不在乎	滿不在乎	mǎn bù zàihu		not care in the least	19
满足	滿足	mǎnzú	动(v.)	meet (needs/demands)	8
猫眼*	猫眼	māoyǎn	名(n.)	peephole (fixed in a door)	14
矛盾	矛盾	máodùn	名(n.)	contradiction	26
没劲	沒勁	méijìn	形(a.)	boring	23
没想到	沒想到	méi xiǎngdào		out of expectation	5
媒人	媒人	méiren	名(n.)	matchmaker	22
媒体	媒體	méitǐ	名(n.)	media	32
美好	美好	měihǎo	形(a.)	wonderful	19

简体	繁體	拼音	词性	英文	课
美女*	美女	měinǚ	名(n.)	beautiful girl	18
美容	美容	měiróng	动(v.)	inprove one's looks	8
美味	美味	měiwèi	形(a.)	delicious	8
门当户对	門當戶對	mén dāng hù duì		be well-matched in social status (for marriage)	20
门铃	門鈴	ménlíng	名(n.)	doorbell	14
门卫*	門衛	ménwèi	名(n.)	entrance guard	31
梦想	夢想	mèngxiǎng	名(n.)	dream	19
迷糊	迷糊	míhu	形(a.)	dazed, confused	14
迷醉	迷醉	mízuì	动(v.)	charm	17
秘密	秘密	mìmì	名(n.)	secret, trick	15
秘书	秘書	mìshū	名(n.)	secretary	19
面饼*	面餅	miànbǐng	名(n.)	pancake	15
面前	面前	miànqián	名(n.)	in (the) face of	7
描述	描述	miáoshù	动(v.)	describe	28
民以食为天	民以食爲天	mín yǐ shí wéi tiān		People regard food as their prime want.	8
明明	明明	míngmíng	副(adv.)	obviously	31
明确	明確	míngquè	形(a.)	clear	23
明显	明顯	míngxiǎn	形(a.)	obvious	7
命运	命運	mìngyùn	名(n.)	fate	18
模仿	模仿	mófǎng	动(v.)	imitate	20
抹	抹	mǒ	动(v.)	smear	17
陌生	陌生	mòshēng	形(a.)	strange	10
母爱	母愛	mǔ'ài	名(n.)	mother love	30
目标	目標	mùbiāo	名(n.)	target	23
目光	目光	mùguāng	名(n.)	look, sight, view	12

N

简体	繁體	拼音	词性	英文	课
拿……来说	拿……來説	ná……lái shuō		take... for example	23
难道	難道	nándào	副(adv.)	used to give force to a rhetorical question	22
难看	難看	nánkàn	形(a.)	displeased, ugly	3
难受	難受	nánshòu	形(a.)	feel unwell	1
难忘	難忘	nánwàng	形(a.)	unforgettable	9
男子汉	男子漢	nánzǐhàn	名(n.)	a manly man	24

闹笑话#	鬧笑話	nào xiàohua		make a foolish figure	11
内容	內容	nèiróng	名(n.)	content	6
内向	內向	nèixiàng	形(a.)	introversion	16
内心	內心	nèixīn	名(n.)	innermost being	24
嫩	嫩	nèn	形(a.)	tender, soft	15
能力	能力	nénglì	名(n.)	ability	26
腻	膩	nì	形(a.)	be bored of	8
年代	年代	niándài	名(n.)	age, era	6
年卡*	年卡	niánkǎ	名(n.)	yearly card	5
扭秧歌	扭秧歌	niǔ yāngge		do the *yangko* dance	6
女扮男装	女扮男裝	nǚ bàn nán zhuāng		girl poses as boy	20

P

排队	排隊	páiduì	动(v.)	queue up	4
牌子#	牌子	páizi	名(n.)	brand	32
判断	判斷	pànduàn	动(v.)	judge	26
叛逆	叛逆	pànnì	形(a.)	rebel	26
陪	陪	péi	动(v.)	accompany	2
配	配	pèi	动(v.)	match	12
佩服	佩服	pèifú	名(n.)	esteem	6
配合	配合	pèihé	动(v.)	coordinate with	18
碰	碰	pèng	动(v.)	touch	13
碰到	碰到	pèng dào	动(v.)	come up against	11
批评	批評	pīpíng	动(v.)	criticize	7
骗子	騙子	piànzi	名(n.)	swindler, cheat	10
拼命	拼命	pīn mìng		exerting the utmost strength	11
贫富分化	貧富分化	pín fù fēnhuà		the distinction between rich and poor become larger	32
平#	平	píng	形(a.)	make the same score	5
平时	平時	píngshí	名(n.)	as usual	9
破	破	pò	形(a.)	outworn	25

Q

| 期待 | 期待 | qīdài | 动(v.) | look forward to | 17 |

妻管严	妻管嚴	qī guǎn yán		hen-pecked	14
其实#	其實	qíshí	副(adv.)	in fact	6
其他	其他	qítā	代(pron.)	other	5
乞丐#	乞丐	qǐgài	名(n.)	begger	10
千万	千萬	qiānwàn	副(adv.)	to make it sure	14
墙	墙	qiáng	名(n.)	wall	9
强调	強調	qiángdiào	动(v.)	emphasize	17
强迫	强迫	qiángpò	动(v.)	force	26
抢	搶	qiǎng	动(v.)	vie with, grab	16
悄悄	悄悄	qiāoqiāo	副(adv.)	quietly	27
巧	巧	qiǎo	形(a.)	just by chance	27
侵犯	侵犯	qīnfàn	动(v.)	offence	16
亲密	親密	qīnmì	形(a.)	intimate	16
亲热	親熱	qīnrè	名(n.)	intimate	28
芹菜#	芹菜	qíncài	名(n.)	celery	2
青春期*	青春期	qīngchūnqī		adolescence	26
轻松	輕松	qīngsōng	形(a.)	relaxed	6
轻松#	輕松	qīngsōng	副(adv.)	easily	16
情景	情景	qíngjǐng	名(n.)	scene	25
情人*	情人	qíngrén	名(n.)	sweetie	18
请	請	qǐng	动(v.)	invite	1
请柬#	請柬	qǐngjiǎn	名(n.)	invitation	14
请教	請教	qǐngjiào	动(v.)	consult	24
求婚	求婚	qiúhūn	动(v.)	propose	20
驱赶	驅趕	qūgǎn	动(v.)	drive away	30
娶	娶	qǔ	动(v.)	(a man) marry (a woman)	19
去世	去世	qùshì	动(v.)	pass away	25
全世界#	全世界	quán shìjiè		all over the world	30
劝	勸	quàn	动(v.)	try to persuade	10
缺点	缺點	quēdiǎn	名(n.)	shortcoming	3
缺乏	缺乏	quēfá	动(v.)	lack	23
却	却	què	副(adv.)	but, however	7
群体	群體	qúntǐ	名(n.)	colony	16

R

然而	然而	rán'ér	连(conj.)	however	16

然后	然后	ránhòu	连(conj.)	afterwards, then	2
染	染	rǎn	动(v.)	dye	30
让步	讓步	ràngbù	动(v.)	yield	31
惹麻烦#	惹麻煩	rě máfan		make trouble	15
热乎乎	熱乎乎	rèhūhū	形(a.)	hot	15
热闹	熱鬧	rènao	形(a.)	bustling with noise and excitement	2
热水	熱水	rèshuǐ	名(n.)	hot water	1
人间	人間	rénjiān	名(n.)	the world	9
人群	人群	rénqún	名(n.)	people group	32
忍不住	忍不住	rěnbuzhù		cannot help	1
认	認	rèn	动(v.)	recognize	13
任何	任何	rènhé	形(a.)	any	7
扔	扔	rēng	动(v.)	throw away	14
仍然	仍然	réngrán	副(adv.)	still	22
日本料理#	日本料理	Rìběn liàolǐ		Japanese cooking	23
日记	日記	rìjì	名(n.)	dairy	19
日久生情*	日久生情	rì jiǔ shēng qíng		fall in love after a long time	17
入乡随俗	入鄉隨俗	rù xiāng suí sú		do in Rome as Rome does	15

S

洒#	灑	sǎ	动(v.)	spill	16
色香味俱全#	色香味俱全	sè xiāng wèi jù quán		looks good, smells good and tastes good	2
色情#	色情	sèqíng	名(n.)	pornographic	7
刹车	刹車	shā chē	动(v.)	put on the brakes	30
沙漠	沙漠	shāmò	名(n.)	desert	30
傻	傻	shǎ	形(a.)	shocked, silly	9
善于	善於	shànyú	动(v.)	be good at	3
商场	商場	shāngchǎng	名(n.)	shopping mall	3
伤害	傷害	shānghài	动(v.)	hurt	10
伤心	傷心	shāngxīn	形(a.)	sad	19
赏月*	賞月	shǎngyuè		enjoy the moon	31
上班	上班	shàng bān		go to work	1

上当#	上當	shàng dàng	动(v.)	be taken in, be fooled	3
上当	上當	shàng dàng	动(v.)	be taken in, be fooled	10
上流	上流	shàngliú	名(n.)	upper class	32
上司	上司	shàngsi	名(n.)	superior, boss	27
烧	燒	shāo	动(v.)	burn	19
奢华	奢華	shēhuá	形(a.)	luxurious	32
设计	設計	shèjì	动(v.)	design	15
深	深	shēn	形(a.)	deep	4
深	深	shēn	形(a.)	dark (color)	12
伸	伸	shēn	动(v.)	extend	16
身材#	身材	shēncái	名(n.)	figure, stature	8
神秘	神秘	shénmì	形(a.)	mysterious	15
甚至	甚至	shènzhì	副(adv.)	even	4
牲畜	牲畜	shēngchù	名(n.)	domesticated animals	30
生存	生存	shēngcún	动(v.)	survive	32
声调#	聲調	shēngdiào	名(n.)	tone	12
生意	生意	shēngyi	名(n.)	business	6
声音	聲音	shēngyīn	名(n.)	sound	9
省#	省	shěng	动(v.)	to save	22
省事	省事	shěng shì		save trouble	8
生育	生育	shēngyù	名(n.)	breeding	28
失去	失去	shīqù	动(v.)	lose	23
时差	時差	shíchā	名(n.)	time difference	1
时代	時代	shídài	名(n.)	period	19
时髦#	時髦	shímáo	形(a.)	fashionable	3
时尚#	時尚	shíshàng	名(n.)	fashion	19
十分	十分	shífēn	副(adv.)	very	20
实践	實踐	shíjiàn	动(v.)	practice	32
实现	實現	shíxiàn	动(v.)	realize	19
食物	食物	shíwù	名(n.)	food	8
使用者*	使用者	shǐyòngzhě	名(n.)	user	23
市场#	市場	shìchǎng	名(n.)	market	3
是否	是否	shìfǒu	副(adv.)	whether	27
适合#	適合	shìhé	动(v.)	fit, suit	3
事实	事實	shìshí	名(n.)	truth	27
适应	適應	shìyìng	动(v.)	fit for, adapt	15

收废品*	收廢品	shōu fèipǐn		purchase, gather salvage	25
收银员*	收銀員	shōuyínyuán	名(n.)	cashier	24
受伤	受傷	shòushāng	动(v.)	be hurt	3
兽医	獸醫	shòuyī	名(n.)	veterinarian	21
帅	帥	shuài	形(a.)	handsome	12
帅哥*	帥哥	shuàigē	名(n.)	handsome boy	18
书法家#	書法家	shūfǎjiā	名(n.)	calligrapher	8
书院*	書院	shūyuàn	名(n.)	ancient college	20
属于	屬於	shǔyú	动(v.)	belong to	19
数量	數量	shùliàng	名(n.)	number, quantity	29
睡懒觉	睡懶覺	shuì lǎnjiào		lie in	1
睡着	睡着	shuì zháo		fall asleep	5
顺便	順便	shùnbiàn	副(adv.)	by the way, in passing	31
说不定	説不定	shuōbudìng		maybe	9
说的一套，做的一套	説的一套，做的一套	shuō de yī tào, zuò de yī tào		saying one thing and do another	24
说话不算数	説話不算數	shuōhuà bù suànshù		do not keep to one's word	24
说实话#	説實話	shuō shíhuà		to be honest	5
说明	説明	shuōmíng	动(v.)	show, prove	16
司机	司機	sījī	名(n.)	driver	4
思考	思考	sīkǎo	动(v.)	think about	32
思想	思想	sīxiǎng	名(n.)	mind	18
似乎	似乎	sìhū	副(adv.)	seemingly	26
送礼	送禮	sòng lǐ		give sb. a present	14
俗	俗	sú	形(a.)	vulgar	8
俗话	俗話	súhuà	名(n.)	common saying	8
速度	速度	sùdù	名(n.)	speed	29
塑料袋儿	塑料袋兒	sùliào dàir	名(n.)	plastic bag	14
酸	酸	suān	形(a.)	sour	15
算了	算了	suàn le		let it pass	19
算命先生*	算命先生	suànmìng xiānsheng		for tuneteller	20
算账	算賬	suàn zhàng		blame, cast accounts	14
随便#	隨便	suíbiàn	形(a.)	casual, informal	12
随便	隨便	suíbiàn	形(a.)	as you wish	23

261

T

台#	臺	tái	名(n.)	channel	7
太极拳*	太極拳	tàijíquán	名(n.)	shadowboxing	5
贪婪	貪婪	tānlán	形(a.)	voracious	30
谈得来	談得來	tán de lái		get along well with	20
谈恋爱	談戀愛	tán liàn'ài		in love with somebody	19
糖#	糖	táng	名(n.)	candy	24
躺	躺	tǎng	动(v.)	lie	5
掏	掏	tāo	动(v.)	fish out (from pocket)	22
讨厌	討厭	tǎoyàn	动(v.)	loathe	22
套餐	套餐	tàocān	名(n.)	combo	27
特意	特意	tèyì	副(adv.)	especially	12
特征	特征	tèzhēng	名(n.)	characteristics	32
踢	踢	tī	动(v.)	kick	13
提前	提前	tíqián	动(v.)	advance, beforehand	4
提醒	提醒	tíxǐng	动(v.)	remind	18
体贴	體貼	tǐtiē	形(a.)	considerate	18
体现	體現	tǐxiàn	动(v.)	embody	16
天使#	天使	tiānshǐ	名(n.)	angel	28
天真	天真	tiānzhēn	形(a.)	innocent	19
舔	舔	tiǎn	动(v.)	lick	30
听说	聽說	tīngshuō	动(v.)	hear of	3
停车场#	停車場	tíngchēchǎng	名(n.)	parking lot	29
挺	挺	tǐng	动(v.)	hold to be straight	12
同甘共苦	同甘共苦	tóng gān gòng kǔ		share weal and woe	17
同事	同事	tóngshì	名(n.)	colleague	5
同意	同意	tóngyì	动(v.)	agree	3
统一	統一	tǒngyī	形(a.)	unified	29
痛苦	痛苦	tòngkǔ	形(a.)	suffering	21
透明	透明	tòumíng	形(a.)	transparent, open (non-secretive)	13
土地	土地	tǔdì	名(n.)	land	29
推	推	tuī	动(v.)	push	9
推荐#	推薦	tuījiàn	动(v.)	to recommend	2
退	退	tuì	动(v.)	to move back	25

| 脱 | 脱 | tuō | 动(v.) | take off | 12 |

W

外地人#	外地人	wàidìrén	名(n.)	outlander	23
外表	外表	wàibiǎo	名(n.)	outward appearance	24
外来人	外來人	wailáirén	名(n.)	comeling	7
外向	外向	wàixiàng	形(a.)	extroversion	16
完全	完全	wánquán	副(adv.)	completely	5
完整	完整	wánzhěng	形(a.)	complete	19
晚辈#	晚輩	wǎnbèi	名(n.)	the younger generation	11
危害#	危害	wēihài	动(v.)	do harm to	30
违反	違反	wéifǎn	动(v.)	violate	30
唯一	唯一	wéiyī	形(a.)	sole	30
委屈	委屈	wěiqu	动(v.)	feel wronged	31
为了	爲了	wèile	介(prep.)	in order to	1
温度	温度	wēndù	名(n.)	temprature	12
温柔	温柔	wēnróu	形(a.)	tender	18
文化	文化	wénhuà	名(n.)	cluture	7
握手	握手	wò shǒu		handshake	16
污染	污染	wūrǎn	动(v.)	pollute	29
无聊	無聊	wúliáo	形(a.)	boring	23
无论……都……	無論……都……	wúlùn……dōu……		no matter what	6
无奈	無奈	wúnài	形(a.)	helpless	31
武术#	武術	wǔshù	名(n.)	martial arts, *wushu*	5

X

西街*	西街	xījiē	名(n.)	west street	21
西游记#	西游記	Xīyóujì		Story of a Journey to the West	7
西装*	西裝	xīzhuāng	名(n.)	suit	12
吸引#	吸引	xīyǐn	动(v.)	attract	3
吸引	吸引	xīyǐn	动(v.)	attract	7
喜好	喜好	xǐhào	名(n.)	sth. one likes	3
戏迷#	戲迷	xìmí	名(n.)	playgoer, theatergoer	6
下岗*	下崗	xià gǎng		laid-off (worker)	31

显得	顯得	xiǎnde	动(v.)	seem	8
显眼	顯眼	xiǎnyǎn	形(a.)	noticeable	31
羡慕	羨慕	xiànmù	动(v.)	admire	12
现实	現實	xiànshí	形(a.)	realistic	8
现状	現狀	xiànzhuàng	名(n.)	current situation	23
相反	相反	xiāngfǎn	副(adv.)	opposite	16
相亲*	相親	xiāng qīn	动(v.)	blind date	22
香喷喷	香噴噴	xiāngpēnpēn	形(a.)	savory	18
享受	享受	xiǎngshòu	动(v.)	enjoy	8
像……这么……	像……這麼……	xiàng……zhème……		such... as	4
相片#	相片	xiàngpiàn	名(n.)	photo	29
消费	消費	xiāofèi	动(v.)	consume	32
消失	消失	xiāoshī	动(v.)	dissappear	19
消息#	消息	xiāoxi	名(n.)	information	4
小看	小看	xiǎokàn	动(v.)	look down upon	23
小气鬼#	小氣鬼	xiǎoqìguǐ	名(n.)	niggard	16
小气鬼	小氣鬼	xiǎoqìguǐ	名(n.)	niggard	22
小区	小區	xiǎoqū	名(n.)	subdistrict	27
小心翼翼	小心翼翼	xiǎoxīn yìyì		very careful	31
效果	效果	xiàoguǒ	名(n.)	effect	32
笑脸	笑臉	xiàoliǎn	名(n.)	smirking face	25
孝顺	孝順	xiàoshun	形(a.)	filial	27
笑嘻嘻*	笑嘻嘻	xiàoxīxī	形(a.)	grinning	21
校长	校長	xiàozhǎng	名(n.)	principal	14
心理	心理	xīnlǐ	名(n.)	psychology	5
心酸	心酸	xīnsuān	形(a.)	feel sad	32
欣赏#	欣賞	xīnshǎng	动(v.)	appreciate	25
新闻#	新聞	xīnwén	名(n.)	news	6
新鲜#	新鮮	xīnxiān	形(a.)	fresh	5
信封	信封	xìnfēng	名(n.)	envelope	22
信号	信號	xìnhào	名(n.)	signal	9
信任	信任	xìnrèn	名(n.)	trust	32
兴奋	興奮	xīngfèn	形(a.)	exciting	12
形成	形成	xíngchéng	动(v.)	form	23
行为	行爲	xíngwéi	名(n.)	behavior	18

行踪#	行踪	xíngzōng	名(n.)	whereabouts, track	13
醒	醒	xǐng	动(v.)	be clear in mind, wake up	14
性	性	xìng	名(n.)	sex	7
性格	性格	xìnggé	名(n.)	character	16
兄弟	兄弟	xiōngdi	名(n.)	younger brother	20
修（路）	修（路）	xiū（lù）	动(v.)	build（roads）	29
袖口儿*	袖口兒	xiùkǒur	名(n.)	cuff(of a sleeve)	12
需要	需要	xūyào	动（v.）	need	1
选择	選擇	xuǎnzé	动(v.)	choose	11
炫耀	炫耀	xuànyào	动(v.)	show off	27
学历#	學歷	xuélì	名(n.)	educational background	20
学生证#	學生證	xuéshēngzhèng		student ID card	4

Y

压岁钱#	壓歲錢	yāsuìqián	名(n.)	lucky money given to children as a lunar new year gift	11
严格	嚴格	yángé	形(a.)	strict	7
眼泪	眼泪	yǎnlèi	名(n.)	tear	7
洋快餐*	洋快餐	yáng kuàicān		foreign fast food	15
养	養	yǎng	动(v.)	to raise	28
养儿防老#	養兒防老	yǎng ér fáng lǎo		To raise sons means for some Chinese people to support them in their old age.	27
养老	養老	yǎng lǎo	动(v.)	provide for the aged	28
样子	樣子	yàngzi	名(n.)	appearance	7
腰	腰	yāo	名(n.)	back	12
要求	要求	yāoqiú	名(n.)	demand, request	7
摇	摇	yáo	动(v.)	shake	21
咬	咬	yǎo	动(v.)	bite	15
要紧	要緊	yàojǐn	形(a.)	important	21
野生#	野生	yěshēng	形(a.)	wild	30
也许	也許	yěxǔ	副(adv.)	might be	3
夜生活	夜生活	yèshēnghuó		night life	6
业余	業余	yèyú	名(n.)	amateur	8

简体	繁体	拼音	词性	英文	课
一……就……	一……就……	yī……jiù……		at once	2
一般	一般	yībān	副(adv.)	commonly	5
一般来说	一般來說	yībān lái shuō		generally speaking	3
一方面……, 另一方面……	一方面……, 另一方面……	yī fāngmiàn…… lìng yī fāngmiàn……		on one hand... on the other hand...	26
一会儿……一会儿……	一會兒……一會兒……	yī huìr……yī huìr……		one moment..., the next...	24
一见钟情	一見鐘情	yī jiàn zhōngqíng		fall in love at first sight	17
一路上	一路上	yī lù shàng		all the way	11
一瞬间	一瞬間	yīshùnjiān		in a second	13
一下子	一下子	yīxiàzi		all of a sudden	9
咦	咦	yí	叹(interj.)	mimetic word for query	12
遗物	遺物	yíwù	名(n.)	retinue	25
以及	以及	yǐjí	连(conj.)	and	28
意见	意見	yìjiàn	名(n.)	opinion	24
意识	意識	yìshi	名(n.)	consciousness	16
隐私	隱私	yǐnsī	名(n.)	privacy	13
印象	印象	yìnxiàng	名(n.)	impression	4
婴儿	嬰兒	yīng'ér	名(n.)	baby, infant	28
赢#	赢	yíng	动(v.)	to win	5
营养#	營養	yíngyǎng	名(n.)	nutrition	2
影响#	影響	yǐngxiǎng	动(v.)	to affect	7
影响	影響	yǐngxiǎng	动(v.)	affect, influence	8
应酬	應酬	yìngchou	名(n.)	social interaction	27
拥抱	擁抱	yōngbào	动(v.)	hug	16
勇敢	勇敢	yǒnggǎn	形(a.)	brave	24
勇气	勇氣	yǒngqì	名(n.)	courage	3
用不着	用不着	yòng bù zháo		need not	28
优雅#	優雅	yōuyǎ	形(a.)	graceful and elegant	9
邮递员*	郵遞員	yóudìyuán	名(n.)	postman, mail carrier	25
邮票年册#	郵票年册	yóupiào niáncè		annual stamp album	14
尤其	尤其	yóuqí	副(adv.)	especially	32
油条*	油條	yóutiáo	名(n.)	deep-fried twisted dough sticks	15
由于……因此……	由於……因此……	yóuyú……yīncǐ……		because...	29

有道理	有道理	yǒu dàolǐ		with reason	24
诱惑	誘惑	yòuhuò	名(n.)	temptation	26
右转#	右轉	yòu zhuǎn		turn right	4
于是	於是	yúshì	连(conj.)	and then	21
与……相比	與……相比	yǔ……xiāngbǐ		compare with	8
遇到	遇到	yùdào	动(v.)	meet	4
预订	預訂	yùdìng	动(v.)	book, place an order	27
郁闷	鬱悶	yùmèn	形(a.)	gloomy, unhappy	9
原版#	原版	yuánbǎn	名(n.)	original edition	23
原来	原來	yuánlái	副(adv.)	originally	10
原因	原因	yuányīn	名(n.)	reason	22
愿意	願意	yuànyì	动(v.)	be willing to	17
约	約	yuē	动(v.)	make appointment with…	5
越A越B	越A越B	yuè A yuè B		the more… the more…	16
越来越多#	越來越多	yuè lái yuè duō		getting more and more	6
月饼*	月餅	yuèbing	名(n.)	moon cake	31
月票*	月票	yuèpiào	名(n.)	commutation ticket	22
允许	允許	yǔnxǔ	动(v.)	permit	26

Z

灾难	災難	zāinàn	名(n.)	disaster	20
在……中	在……中	zài……zhōng		in the process of	6
在……下	在……下	zài……xià		under	32
再三	再三	zàisān	副(adv.)	again and again	20
再说	再说	zàishuō	连(conj.)	what's more	29
再也没(有)	再也沒(有)	zài yě méi(yǒu)		never afterwards	5
咱们	咱們	zánmen	代(pron.)	we	14
暂时#	暫時	zànshí	形(a.)	temporary	31
脏话	臟話	zānghuà	名(n.)	bad words, foul language	7
糟糕	糟糕	zāogāo	形(a.)	too bad	1
早恋	早戀	zǎoliàn	动(v.)	fall in love at an early age	26
责任	責任	zérèn	名(n.)	duty	17
增加	增加	zēngjiā	动(v.)	increase	28
长辈#	長輩	zhǎngbèi	名(n.)	elder, senior	11
照	照	zhào	动(v.)	to reflect, photograph	12
照顾	照顧	zhàogù	动(v.)	take care of	8

真诚	真誠	zhēnchéng	名(n.)	sincere	4
真实	真實	zhēnshí	形(a.)	true	30
真正	真正	zhēnzhèng	形(a.)	real	24
珍贵	珍貴	zhēnguì	形(a.)	precious	30
振振有词	振振有詞	zhènzhèn yǒu cí		speak plausibly and volubly	22
争论	爭論	zhēnglùn	动(v.)	argue	31
整个	整個	zhěnggè	形(a.)	whole	25
整洁	整潔	zhěngjié	形(a.)	neat	25
整理	整理	zhěnglǐ	动(v.)	to clear up	25
整整	整整	zhěngzhěng	形(a.)	whole, exactly	30
挣	挣	zhèng	动(v.)	earn	22
正常	正常	zhèngcháng	形(a.)	normal, ordinary	13
正好	正好	zhènghǎo	副(adv.)	just right	9
正式#	正式	zhèngshì	形(a.)	formal	12
政府	政府	zhèngfǔ	名(n.)	government	29
直	直	zhí	副(adv.)	straightly	11
直	直	zhí	副(adv.)	continuously	11
直接#	直接	zhíjiē	形(a.)	directly	3
直走#	直走	zhí zǒu		go straight	4
执着	執着	zhízhuó	动(v.)	persistence	10
只顾	只顧	zhǐgù	副(adv.)	only consider	32
只好	只好	zhǐhǎo	副(adv.)	have to; be forced to	2
只能	只能	zhǐnéng	副(adv.)	have no choice but to	11
只是	只是	zhǐshì	副(adv.)	only	21
只要……就……	只要……就……	zhǐyào……jiù……		as long as	5
只有……才……	只有……才……	zhǐyǒu……cái……		only if	8
纸条	紙條	zhǐtiáo	名(n.)	note	10
治	治	zhì	动(v.)	cure, treat	21
质量#	質量	zhìliàng	名(n.)	quality	3
制造	製造	zhìzào	动(v.)	make	17
钟点工#	鐘點工	zhōngdiǎn gōng	名(n.)	hourly workers	11
中秋节*	中秋節	zhōngqiūjié	名(n.)	mid-autumn festival	31
终于#	終於	zhōngyú	副(adv.)	finally	9

268

重	重	zhòng	形(a.)	heavy	12
主见	主見	zhǔjiàn	名(n.)	definite idea	18
主意	主意	zhǔyi	名(n.)	idea	27
祝福	祝福	zhùfú	名(n.)	blessings	25
祝贺	祝賀	zhùhè	动(v.)	congratulate	28
注意	注意	zhùyì	动(v.)	notice	12
专门	專門	zhuānmén	副(adv.)	especially	15
专业#	專業	zhuānyè	名(n.)	major	26
转交	轉交	zhuǎnjiāo	动(v.)	pass on to sb. else	10
转弯	轉彎	zhuǎnwān	动(v.)	turn	11
转	轉	zhuàn	动(v.)	visit around	4
赚	賺	zhuàn	动(v.)	earn	4
传	傳	zhuàn	名(n.)	biography	21
装作……的样子	裝作……的樣子	zhuāngzuò……de yàngzi		pretend to be	10
状态	狀態	zhuàngtài	名(n.)	mode	23
资源#	資源	zīyuán	名(n.)	resource	22
仔细	仔細	zǐxì	形(a.)	careful	15
自信	自信	zìxìn	名(n.)	self-confidence	23
自由	自由	zìyóu	名(n.)	freedom	16
自由自在	自由自在	zì yóu zì zài		footloose	28
自在	自在	zìzai	形(a.)	at ease	6
自尊	自尊	zìzūn	名(n.)	self-respect	4
总是	總是	zǒngshì	副(adv.)	always	23
总之	總之	zǒngzhī	连(conj.)	in a word, anyhow	13
组成	組成	zǔchéng	名(n.)	compose	6
钻石#	鑽石	zuànshí	名(n.)	diamond	22
醉	醉	zuì	动(v.)	drunk	14
最后	最后	zuìhòu	副(adv.)	finally	2
最终	最終	zuìzhōng	副(adv.)	finally	19
遵守	遵守	zūnshǒu	动(v.)	submit, comply with	29
尊重	尊重	zūnzhòng	动(v.)	respect	4
左右	左右	zuǒyòu	名(n.)	around	1
左右为难	左右爲難	zuǒ yòu wéinán		hesitate, can't make a decision	31
作揖*	作揖	zuō yī	动(v.)	make a bow with hands folded in front	16

听力文本

第一课　早睡早起身体好——生活习惯

我儿子现在可真不像话，晚上两三点还不睡觉，看书、上网、看电视，有时候还出去玩儿，整天熬夜，可是很有精神。到了早上，又起不了床，还常常因为睡懒觉跟我生气，上班也总迟到，我常常忍不住想批评他。

第二课　点菜——吃中餐

（两个外国人在中餐馆点菜）

男：菜单上这么多菜，上边的字我也看不懂，该怎么点啊？

女：不好意思，我也是第一次来这儿。

男：看，这里有照片，咱们就点好看的。

女：好看可是不一定好吃啊。我建议先看看别人吃什么。

男：好啊，可是不太礼貌。

女：咱们只好问服务员了。

第三课　讲价——买东西

（夫妻对话）

妻：听说最近商场打折很多，咱们一起去买东西吧。

夫：一般来说，商场打折是为了吸引人，可是价钱不一定是最便宜的。

妻：可是比以前已经便宜很多了。

夫：所以人们常常想在打折的时候多买点儿东西。

妻：对啊，快走吧。

夫：你要买什么呢？

妻：还是先去看看吧，也许有我们想要的东西。

夫：也许你会买很多根本不需要的便宜东西。

第四课　一位出租汽车司机——出门

很多出租车司机非常讨厌堵车，甚至遇到堵车的时候会心情不好。我却不这样想，堵车的时候可以休息一下，看看外面的景色：很多漂亮的女孩子经过，非常现代的高楼，马路边的绿色，高兴极了！计价器上的数字不断地变化，堵车时乘客还得付车费，又能休息又能赚钱，当然开心！

第五课　运动的故事——运动、健身

我的同事老王很胖，他不喜欢运动，只要能坐就绝对不站着，只要能躺就绝对不坐着。可是，他身体不太好，常常要去医院看病。不过，这几天看到他好像非常开心，身体也不错，跟以前完全不同。老王告诉我，他在健身房办了年卡，开始减肥了，还约我一起去健身呢。

第六课　夜生活——娱乐活动

在北京的一些小胡同里，晚上八点钟左右，就会有一些大排档，大排档上有各种各样的小吃，种类丰富极了，有烧烤、拉面、包子，还有我最爱吃的羊肉串，无论什么东西，看起来都非常吸引人，而且价钱也很便宜，所以大排档的生意好极了。在吃饭中，我也认识了几个中国朋友，跟朋友边吃边聊，又轻松又自在，还了解了北京文化，我真喜欢大排档。

第七课　外来人——让人又爱又恨的电视

（一位母亲对电视的看法）

说实话，我挺爱看电视的，晚上吃完饭没有什么事儿，看着有意思的电视剧，陪着电视里的人不知不觉地笑，不知不觉地流眼泪。我还喜欢关于做菜的节目，我曾经从上面学会了好几道菜呢，味道还不错。跟我一样，我的儿子现在也是个电视迷。开始我觉得没关系，可是没想到他的成绩不像以前那么好了，我该怎么办呢？

第八课　我爱做饭——你有什么爱好

妻：今天吃什么？
夫：在家吃饭吧，我想吃你做的红烧肉了。
妻：这道菜太麻烦了，饭馆里也有这道菜，还是出去吃吧。

夫：没有你做的好吃。

妻：你不担心做饭会影响我美容吗？

夫：民以食为天，享受美食才是最重要的。

妻：好吧，今天我就是你雇的业余厨师。

第九课 难忘的经历

我仿佛呆在地狱里一样，什么都看不见，也没有人，我害怕极了。我拿出手机想给妈妈打电话，可是手机也没有信号，我完全绝望了。这时候我听到外边有说话的声音，我忍不住大声喊："有人吗？救命啊！"也许是我的声音太小，没有人回答我。我只好安静地等待，我相信，妈妈一定会找到我，一定会来救我！

第十课 上当

我忘不了第一次"上当"的经历：我想买一条裤子，就问售货员："多少钱？"售货员说："原来的价格是180块，你是学生，就卖你150块吧。"我当时很高兴，以为自己买了便宜东西呢。结果我的美国和中国朋友都笑我，他们说："在市场上买东西的时候讲价必须要狠，这条裤子80块就可以买到。"天哪，我恍然大悟，而且也觉得自己很傻。以后，我再也不会那么容易上当了。不过，我还不太善于讲价。

第十一课 在国外的经历

我在美国工作的时候，有一次，公司准备买一些高级钟表，要当成礼物送给从中国来的客人。听说这件事以后，我立即提醒公司送钟表恐怕是个错误，因为听起来好像"送终"一样，"送终"的意思是亲戚或长辈快死的时候，替他安排死去以后的事情。所以，送给客人钟表，客人会觉得你的意思是他快死了。时间还来得及，公司连忙买来了别的礼物。

第十二课 出洋相

昨天在公共汽车上，我看到一个帅哥，穿着一件深色大衣，配上一条牛仔裤，真有风度！后来，我觉得有点奇怪，就特意又看了看。没想到，他的目光也正好看到了我，还挺挺腰板，对我笑了笑。原来他以为我很羡慕他，我觉得挺尴尬的。就在这时候，我发现了他的大衣领子上晃来晃去的商标，上边还有价签呢！我真不知道要不要告诉他，也不敢笑。

第十三课　网络与隐私

男：最近我家的电话快要被打爆了。

女：谁给你打电话？

男：都是根本不认识的人。

女：他们怎么知道你家的电话？为什么给你打电话？

男：开始我也觉得很奇怪，后来才知道我家的电话号码曾经出现在一个电视节目里。

女：只是因为一个号码，连陌生人都给你打电话？

男：是啊，我连正常的生活都没有了。

第十四课　礼尚往来——送礼物

（收到同事的结婚请柬，两个朋友聊天）

女：看起来你很郁闷啊。

男：没错，同事要结婚，该送多少礼呢？

女：你结婚时候他送多少？

男：二百。可是现在大家收入都高了，我不能还送二百啊。

女：那就多送点儿。

男：可是我老婆不同意啊。

女：你可真是妻管严，连这样的事都不能自己决定。

第十五课　入乡随俗

（儿子请母亲吃肯德基）

母：肯德基、麦当劳都是洋快餐，不适合中国人的口味。

子：你先尝尝。

母：面饼？比面饼好吃多了，还有鸡肉、蔬菜。这也是肯德基？

子：对啊，不是干巴巴、凉冰冰的肯德基。

母：我现在能理解为什么那么多人喜欢吃洋快餐了，这是中国味的洋快餐啊！

第十六课　中西文化风俗

　　这个周末我去一个中国朋友家，他的家人对我非常热情，做了很多菜，都很好吃，我特别喜欢吃饺子。吃饭的时候他们一直让我多吃菜，好像我是一个孩子，我觉得很不好意思。虽然我已经吃了很多，可是他们还把菜夹到我的碗里，在我看来，不吃完很不礼貌，我就一直吃，现在，我的肚子还很难受。

第十七课　一个关于爱情的心理测试——一见钟情还是日久生情

男：听说他要跟同甘共苦了二十多年的老婆离婚了。
女：为什么？
男：他说感情不好，没有共同语言。
女：一起生活了二十多年却说感情不好，一定是他有新的恋人了吧。
男：听说是，还是一见钟情呢。
女：老夫妻尽管没有爱情，但是时间长了也会日久生情啊，怎么可以一下子就离婚呢？

第十八课　理想的妻子

　　大家都说我有一个理想的妻子，她不仅漂亮而且很温柔、体贴，每天我下班回家就能吃到香喷喷的饭菜，家里的大部分事她都会处理得很好，不用麻烦我。另外，她非常懂得浪漫，我们的生活像抹了果酱的面包，甜甜蜜蜜。更重要的是，她在公司很能干，也很有主见，比我赚钱还多呢。朋友都说这样的妻子比大海捞针还难找。不过，我总是担心别人会爱上她，你说会不会有这样的事呢？

第十九课　这个时代的爱情

A：我真的不能决定，到底应该嫁给哪一个？
B：是啊，一个有汽车、别墅，一个有浪漫的爱情。你觉得爱情重要还是面包重要？
A：两个都重要啊，没有面包就无法生活，没有爱情也不叫谈恋爱。
B：对了，我有一个办法，你可以结束美好的梦想试着去爱有别墅的，或者对别墅满不在乎，嫁给爱情，跟他一起赚钱。

A：除了这个以外，还有别的办法吗？

第二十课　梁山伯与祝英台的故事——一定要门当户对吗

母：儿子，她是个好女孩儿，妈知道。

子：那您为什么不能接受她呢？

母：因为她太好了。

子：只是因为她太优秀，所以您就不让我继续跟她交往？太没道理了。

母：这样的女孩子跟你不合适。

子：为什么不合适？

母：我儿子也很好，可是她比你更好。虽然现在你们很谈得来，没什么问题，可是以后呢？我不想我儿子变成一个妻管严。还是找一个门当户对的女朋友比较好。

第二十一课　差不多先生传——差不多与太认真

从前，有一个读书人，干什么都很马虎。有一天他画画，先画了一个马的头，然后就出去了，回来的时候又想画虎，于是又接了一个虎的身体。别人问他那是什么，他就随便说说："马马虎虎。"大儿子问他，他说是虎，小儿子问他又说是马。后来，大儿子出去玩儿的时候，把别人的马当成老虎打死了，好在儿子还没什么问题。他的小儿子碰见老虎，却以为是马，想去骑，结果老虎把他咬死了。

第二十二课　小气鬼

情人节要到了，小气鬼想送给女朋友玫瑰花，可是这时的玫瑰花比平时贵得多，他很舍不得。于是他想出来一个办法，从网上找到一张玫瑰园的图片，把它做成贺卡，然后写上：送你一朵玫瑰太少了，只有这一个花园的玫瑰才能表达我对你的爱。他真是一个浪漫的小气鬼。

第二十三课　口头禅

口头禅可以反映一个人的个性，这是有心理学根据的。不信来看看吧，下面的这些口头禅，你通常会说哪一句呢？

A. 说真的、老实说、的确、不骗你

B. 听说、据说、听别人讲

C. 可能是吧、或许是吧、大概是吧

D. 啊、呀、这个、那个、嗯

选择A：

这种人总担心别人误解自己，所以再三强调事情的真实性，性格有些急。

选择B：

这种人总是说别人的看法，遇到事情不想承担责任。

选择C：

这样的人，不会将内心的想法完全说出来，处理事情没有自信心。

选择D：

这种人，反应较慢或者因为怕说错话，需要时间来思考。他们的内心常常很孤独。

第二十四课　怎样才是男子汉——男人和女人

A：现在真是男女不平等啊。

B：女人地位越来越高了，怎么还不平等？

A：我是说女人地位太高了。

B：有道理！

A：当男人真累啊，而且不管怎么累都得装作没关系的样子。

B：毕竟咱们是男人，不能让女人嘲笑。

第二十五课　一张忘取的汇款单——感恩父母

母：孩子，明天就要考试了，今晚就别看书了，喝了牛奶，早点睡吧！

女：我不想喝，我连看书的时间都没有了，还有空喝牛奶吗？

母：明天考试，你还是早些睡吧，不然明天会没精神的。

女：你别烦我了！我连书都没办法看了！

母：哎……

女：妈妈……

我突然觉得，妈妈的爱就像空气一样，我靠它生存，却常常忘了它的存在。

第二十六课　母亲和女儿的信——代沟

A：我接电话的时候，我妈妈总是问我到底是谁打的，男的还是女的。

B：我妈妈甚至偷偷地听我的电话。

C：一定是怕你们早恋。

A：其实，初三的功课那么紧张，根本没时间早恋。

B：即使有时间，我也得先好好睡一觉啊。

C：我也想睡觉，我妈妈天天唠叨，说现在竞争激烈，总催我多看书，困死了。

第二十七课　来吃饭的是父母——谈孝顺

儿子是一家公司的老板，总是有很多应酬，忙得不得了，他好长时间没回来看我了，我一点儿都不会责怪他。可是我很想儿子，常常拿着儿子的照片看啊看，有时甚至想去他的公司悄悄地看看他。有时候我也担心儿子，那么累，总休息不够，身体能行吗？我真想让儿子坐在我的身边好好跟我聊聊他的工作，他的烦恼，就像他小时候一样。

第二十八课　丁克与丁宠

妻：老公，要是生了孩子，谁帮咱们照顾啊？

夫：你用不着操心，找一个保姆。

妻：生了孩子，咱俩就不能自由自在地想去哪儿玩就去哪儿了。

夫：没关系，以后可以跟孩子一起去。

妻：养孩子花钱挺多的，得过几年才能买车了。

夫：过几年，汽车还更便宜呢。

妻：可是，我还是害怕生了孩子身材就变了。

第二十九课　困扰中国大城市的新问题——汽车

刚买了一辆新车，恨不得马上就试试。因此，我决定开车去离我家不远的超市买菜。从家里一出来，我就后悔了，现在正是下班高峰，街上寸步难行，堵得没法走。好不容易到了超市，竟然找不到停车的地方，我只好等，一直等了大概三十分钟，才有了一个位置，把车停好了，我都快饿死了。

第三十课　牛的母爱——保护环境从我做起

我们村本来是一个非常美丽的地方，春天的时候到处都有花、草，成群的牛、羊在草地上走来走去。可是后来，树越来越少，草越来越少，风沙却越来越大，很多人已经离开这里了，听说他们要去有水的地方，看着离家越来越近的沙堆，不知道明天我们该怎么办。

第三十一课　穷人的中秋节——谈贫困与浪费

对商家来说，节日是一个赚钱的机会，即使东西的价钱贵得离谱，也不用担心没有人买。所以，我家的很多节日要比别人晚一天。中秋节第二天，放在超市里显眼位置的豪华月饼马上便宜得让人不敢相信；情人节第二天，你可以用昨天一支玫瑰的价钱买一大把。这没有什么不好意思，明明可以省很多钱，为什么不这样呢？

第三十二课　广告和媒体

A：没想到，这种减肥药竟然是骗人的。

B：是啊，电视上、报纸上天天都能看到这个广告，说经过实践，效果很好。

A：而且都是明星做广告呢。

B：这些媒体完全不考虑消费者的利益，只想着赚广告费。

A：是啊，广告应该客观、公正地介绍产品。

B：以后怎么能相信这些广告呢？

致　谢

　　对外汉语短期培训系列教材《走近汉语》《实践汉语》《感悟汉语》是在北京师范大学汉语文化学院领导的支持下立项并组织编写的。特别是张和生院长从教材立项到试用都给予了热情的支持，并对教材试用稿提出了宝贵意见。可以说，没有学院领导的支持与关怀，这套教材不可能在短期内顺利地编写，试用修改并最终完成。

　　这套教材在初稿完成后立即投入了试用，除了教材编写组的成员之外，汉语文化学院的数名教师也参与了这套教材的试用，并对教材存在的问题提出了宝贵意见。他们是：崔立斌、冯建明、王魁京、周奕、步延新。在此，我们编写小组全体人员谨向他们表示最诚挚的谢意。

　　教材的编写和试用过程也在很大程度上得益于研究生们的大力协助。2006级硕士生马思宇、江丽莉在教材编写之前协助做了大量的调研工作，2007级研究生谢婧怡、张君、李文慧、方菲在前期调研中做了大量的数据采集工作，这些工作使得教材编写得以在一个科研的基础上进行。2006和2007级研究生陈迁、方菲、怀雅楠、李文慧、莫赛、居碧娟、乔媛媛、史新博、隋哲、仝昕昕、王堃、王小燕、杨福亮、谢婧怡、张日威、张君、赵敏、赵明等参与了教材编写中期的习题编制和生词翻译等工作，使得教材编写得以快速推进。他们中的一些人还参与了教材的试用，并在每周一次的集体备课过程中对教材修改提出了宝贵的意见。在此，我们编写小组全体人员谨向他们表示最真诚的感谢。

　　这套教材的顺利完成还要感谢那些给教材使用提供了平台的人们——教材的使用对象。美国加州大学九个分校的118名从零起点到高年级的学生，以及美国达慕思大学三年级的12名学生，都参与了本教材2008年暑期的试用，他们对教材编写的支持无疑也是巨大的。

　　北京师范大学出版社作为教材编写的组织者，为这套教材的出版提供了可能，尹莉莉、杨帆两位编辑从教材组稿到试用都付出了大量的辛劳。在此，我们向她们表示衷心的感谢！